금리와 환율
알고 갑시다

금리와 환율 알고 갑시다

김영익 지음

위너스북 WINNER'S BOOK

금리와 환율
알고 갑시다

저는 서강대학교와 한국금융연수원에서 '거시경제지표분석'이라는
제목으로 강의를 하면서 학생(수강생)들에게 금리와 환율만 알면
경제 공부 다했다고 해도 과언은 아니라고 강조합니다. 그만큼 금리
와 환율에는 국내외 경제 상황이 총체적으로 반영되어 있기 때문입
니다. 또한 금리와 환율은 개인의 일상생활에도 밀접하게 관련되어
있습니다. 가끔 우리나라 굴지의 대기업 그룹에서도 주요 임원들 대
상으로 금리와 환율에 대해서도 저에게 특강을 요청해왔습니다.

　금리에는 한 나라의 경제성장률과 물가상승률이 담겨 있습니다.
또한 금리로 현재의 금융시장이 안정적인가 불안정적인가를 판단할 수 있고, 미래의 경기를 전망해볼 수 있습니다. 금리는 우리의 일상생활과도 밀접한 관계가 있습니다. 우리는 미래를 대비하기 위해 금융회사에 저축하기도 하고, 결혼자금이나 주택구입자금을 마련하기 위해 대출을 하게 됩니다. 이때 고정금리와 변동금리를 선택해야 합니다.

환율은 한 나라의 대외 건전성 정도를 나타냅니다. 환율은 국제수지나 물가 등 거시경제변수에 영향을 줄 뿐만 아니라, 기업의 매출이나 이익 나아가서는 개인 생활에도 직간접적으로 영향을 미칩니다. '미국의 경제사는 달러 가치 하락의 역사이다'라는 말이 시사하는 것처럼 환율은 각국의 경쟁력에도 중요한 영향을 미칩니다. 미국과 중국의 환율전쟁도 여기서 크게 벗어나지 않습니다.

이 책에서 저는 경제 공부를 시작하는 초보자도 이해할 수 있을 만큼 금리와 환율에 대한 이론을 쉽게 설명하려 노력했습니다. 또한 이들 경제변수가 기업경영이나 개인의 삶에 어떤 영향을 미치는지를 하나씩 풀어보았습니다.

이 책의 구성은 다음과 같습니다. 제1부에서는 금리의 기초 이론을 다뤘습니다. 금리로 경제성장 등 경제를 예측하는 방법도 제시했습니다. 금융회사에 예금하거나 대출받을 때 참고해야 할 사항도 찾아보았습니다. 왜 저금리가 지속할 수밖에 없는가에 대한 이유도 들었습니다. 저금리 시대에 살아가는 방법도 제안했습니다.

제2부에서는 환율의 개념과 결정 요인을 먼저 살펴보았습니다. 환율이 거시경제변수나 기업과 개인에게 미치는 영향도 고찰해보았습니다. 적정 환율과 적정 외환보유액을 추정하는 방법에 대해서도 알아보았습니다. 끝으로 최근 전개되고 있는 환율전쟁과 더불어 중장기 환율 전망을 해보았습니다.

금리와 환율을 통해 현재의 경제 상황을 이해하고, 미래를 내다볼 수 있는 통찰력을 갖췄으면 하는 바람으로 이 책을 썼다는 것을 다시 강조합니다.

2021. 11.

김영익

제1부 금리 알고 갑시다

제2부 **환율** 알고 갑시다

금리

— 알고 갑시다 —

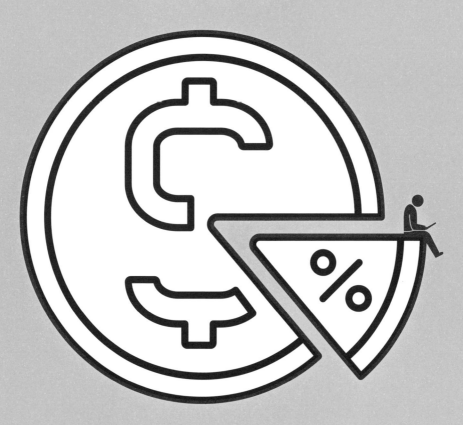

금리란 무엇일까요?

저는 '거시경제분석'이라는 과목으로 학생들에게 강의하면서 '금리만 알면 경제 공부 다했다'라고 강조합니다. 금리에는 현재의 경제 상황뿐만 아니라 미래의 경제도 들어있기 때문입니다.

우리 일상생활도 금리와 밀접하게 관련되어 있습니다. 여윳돈을 은행에 맡길 때 금리를 받습니다. 이를 예금금리라 합니다. 또한 살다 보면 갑자기 돈이 필요할 때도 있습니다. 거주할 집을 마련할 때는 더 큰돈이 들어갑니다. 이럴 때 우리는 은행을 포함한 금융회사를 찾아 돈을 빌려야 합니다. 이때 지불하는 돈을 대출금리라 합니다. 나중에 차근차근 설명하겠습니다만, 이외도 다양한 금리가 있습니다. 참고로 우리가 어떤 때는 이자율이라는 단어를 쓰고 있는데, 금리의 또 다른 단어라 생각하면 되겠습니다. 경제학 교과서에서는 금리 대신에 이자율이라는 표현을 많이 사용하고 있습니다.

금리의 기원은 신용에 있습니다

금리의 기원은 어디서 찾을 수 있을까요? 한마디로 금리는 '신용' 때문에 생긴 것입니다. 신용의 국어사전적 의미는 '외상값, 빚, 급부 따위를 감당할 수 있는 지급 능력으로 소유재산의 화폐적 기능'입니다. 한국은행도 매분기마다 '가계 신용'이라는 제목으로 보도자료를 냅니다. 쉽게 말해서 가계 신용이란 가계가 금융회사에 빌린 돈, 부채입니다. 가끔 언론에서 가계 부채가 매우 많다는 보도가 나오는데, 2021년 2분기에는 1,806조 원에 이르렀습니다.

신용에는 거래 상대방이 있습니다. 가계 신용에서 가계는 채무자이고 돈을 빌려준 금융회사는 채권자입니다. 여기서 돈을 빌린 대가로 채무자가 채권자에게 지불하는 돈이 일종의 금리인 셈입니다.

금리를 받고 뭔가를 빌려주는 행위는 돈에 국한된 것이 아닙니다. 신석기시대 농부들이 친척에게 곡식의 씨앗을 빌려주고 수확기 때 빌려줬던 것보다 더 많은 씨앗을 돌려받았던 것도 하나의 예가 되겠지요. 그런데 채권자가 너무 많은 씨앗을 받으면 안되겠지요. 그래서 주요 문명 국가에서는 신용에 대한 규정을 마련했습니다.

예를 들면, 기원전 1800년경에 고대 바빌로니아 제6대 왕인 함무라비가 세계에서 가장 오래된 것으로 알려진 성문법전을 만들었는데요, 여기서 곡식 대출의 연간 최고이자율을 33.33%로 설정해놓았습니다. 우리나라에서도 2021년 7월부터 법정 최고금리를 이전의 24%에서 20%로 내렸습니다.

> **경제학 교과서에서는 현재의 소비를 참는 데에 대한 대가를 금리라 합니다**

경제학 교과서에서는 시간선호율(the rate of time preference) 측면에서 금리를 설명하고 있습니다. 예를 들어보겠습니다. 지금 제가 100만 원을 가지고 있습니다. 이 돈으로 가족 혹은 친구들과 점심을 맛있게 먹을 수도 있고, 쇼핑을 즐길 수도 있습니다. 그러나 그 돈을 은행에 맡겼다면 현재의 소비를 참는 데 대한 대가를 받아야 합니다. 그 대가가 바로 금리라는 것입니다.

가끔 언론에서 물가상승률이 높아져서 금리도 상승한다는 보도를 보셨지요. 물가가 오른 만큼 보상받아야 우리가 저축을 하게 되는 것입니다. 금리가 물가상승률보다 낮다면, 사람들이 은행에 돈을 맡기지 않고 지금 써버리게 됩니다. 나중에 각국 중앙은행이 금리를 인하하거나 인상하면서 소비를 포함한 경제성장에 영향을 주는 과정을 자세히 살펴보겠습니다. 금리의 정의에 대한 궁금증이 좀 풀렸는지 모르겠습니다. 금리 기원과 역사에 대해서 깊은 내용을 공부하고 싶은 분은 『금리의 역사』 책을 참조하길 바랍니다.

시드니 호머 리처드·실라 지음(이은주 옮김), 『금리의 역사(원제: A History of Interest Rates)』, 리딩리더(2011)

한국은행의 통화정책 수단, 기준금리

모든 금리의 기준은 한국은행의 기준금리(Base Rate)라 할 수 있습니다. 한국은행은 기준금리를 '한국은행이 금융기관과 환매조건부증권(RP) 매매, 자금조정 예금 및 대출 등의 거래를 할 때 기준이 되는 정책금리'라 정의하고 있습니다. 여기에 어려운 단어들이 나오는군요.

우선 환매조건부증권(Repurchase Agreements, 이하 RP)이란 일정 기간이 지난 후에 정해진 이자를 덧붙여 다시 사들이기로 약정하고 팔아넘기는 증권입니다. 한국은행은 기준금리를 설정하고 콜시장의 초단기금리(콜금리)가 기준금리 수준에서 크게 벗어나지 않도록 유도하고 있습니다. 콜금리가 기준금리를 넘어서면 단기 자금이 부족하다는 의미입니다. 이때 한국은행은 시중은행이 가지고 있는 채권을 사주면서 돈을 풀게 됩니다. 물론 한국은행이 사주는 채권은 국채, 정부보증채, 통화안정증권 등 신용이 높은 채권입니다. 기간은 보통 7일입니다. 반대로 시장에 돈이 너무 많아 콜금리가 기준금리를 밑돌면 한국은행은 시중은행에 채권을 매각하면서 돈을 환수하게 됩니다.

한국은행의 기준금리 정의에서 '자금조정 예금 및 대출'이라는 용어가 나왔지요. 한국은행은 금융회사로 하여금 예금 일부를 한국은행에 지급준비금 형태로 예치하도록 의무화했습니다(보통 금융기관이라는 단어를 쓰는데, 저는 시장의 의미를 강조하는 뜻에서 금융기관 대신에 금융회사로 쓰겠습니다). 예를 들면 제가 A은행에 요구불예금으로 100만 원을 맡겼다면 그 은행은 7%에 해당하는 7만 원을 한국은행에 의무적으로 맡겨야 합니다. 여기서 7만 원을 지급준비금, 7%를 지불준비율이라 합니다. 지불준비율은 금융상품의 성격에 따라 달리 정해집니다. 2021년 10월 정기예금에 대한 지불준비율은 2%, 장기주택마련저축은 0%입니다. 눈치채셨겠지만 만기가 짧은 금융상품일수록 지불준비율이 높습니다. 왜냐하면 돈을 맡긴 고객이 만기가 짧은 금융상품은 언제든지 찾아갈 수 있기 때문입니다.

금융회사들은 때로는 한국은행이 정한 지급준비율 이상으로 돈을 가지고 있을 수 있고, 또 어떤 때에는 돈이 부족할 때도 있습니다. 금융회사들이 한국은행이 정한 지급준비금 이상으로 돈을 가지고 있을 때, 이 돈을 한국은행에 예탁할 수 있는데 이를 자금조정예금이라 합니다. 반면에 금융회사가 지급준비금 이하로 돈을 가지고 있을 때 한국은행에서 부족한 돈을 빌려야 하는데 이를 자금조정대출이라 합니다.

한국은행 정의에 따라 기준금리를 설명하다 보니 꽤 복잡해졌네요. '모든 금리에 영향을 주는 금리가 기준금리이다'라고 이해하면 될 것 같습니다.

기준금리는 한국은행 금융통화위원회에서 결정합니다

금융통화위원회(이하 금통위)에서 1년에 8번 기준금리를 결정합니다. 금통위는 한국은행의 통화신용정책에 관한 주요 사항을 심의·의결하는 정책결정기구로 한국은행 총재 및 부총재를 포함하여 총 7명으로 구성됩니다. 이들은 1년에 8번 모여 통화정책방향 결정회의를 개최합니다. 2021년 회의 일정을 보면 다음 그림과 같습니다. 2021년 11월 현재 이미 7번의 회의가 개최되었습니다.

자료: 한국은행

　금통위에서 국내외 경제 상황, 물가 동향, 금융시장 여건 등을 종합적으로 고려하여 기준금리를 결정합니다. 참고로 기준금리 추이를 보면 다음 장의 그림과 같습니다. 2008년 8월에 5.25%였던 기준금리가 2021년 7월까지는 0.50%로 낮아졌습니다. 그러나 2021년 8월에 개최되었던 금통위에서 금리를 0.25% 포인트 인상해서, 기준금리는 0.75%가 되었습니다. 그 이유는 뒤에 통화정책방향 결정문에 있습니다.

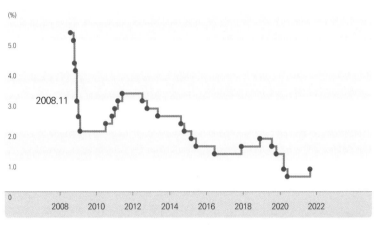

자료: 한국은행

나중에 통화정책의 효과와 파급경로에서 자세히 설명하겠지만, 금통위에서 결정된 기준금리는 초단기금리인 콜금리에 즉시 영향을 미치고, 장단기 시장금리와 예금 및 대출금 금리 변동으로 이어져 궁극적으로 경제성장, 물가, 고용 등 실물경제 활동에 영향을 미치게 됩니다.

> **통화정책방향 결정문과 의사록은 꼭 보아야 합니다**

기준금리는 실물경제뿐만 아니라 주식과 채권 등 증권시장에도 중요한 영향을 미치기 때문에 시장 참여자들은 금통위가 개최되는 날 귀를 쫑긋 세우게 됩니다. 금통위는 보통 오전

9시에 시작해서 10시쯤에 그 결과를 '통화정책방향'이라는 제목으로 발표합니다. 다음은 2021년 8월 26일 개최되었던 통화정책방향 결정문이니 참고하길 바랍니다. 과거의 결정문도 앞의 그림에서 제시한 한국은행 '통화정책방향회의'에서 볼 수 있습니다.

통화정책방향

● 금융통화위원회는 다음 통화정책방향 결정시까지 한국은행 기준금리를 현재의 0.50%에서 0.75%로 상향 조정하여 통화정책을 운용하기로 하였다.

● 세계 경제는 주요국의 백신 접종 확대, 경제활동 제약 완화 등으로 회복세를 이어갔다. 국제금융시장에서는 코로나19 재확산 영향으로 주요국 국채금리가 하락하였으며, 미 연준의 연내 테이퍼링 가능성 등으로 미 달러화가 강세를 나타내고 신흥시장국 주가는 하락하였다. 앞으로 세계경제와 국제금융시장은 코로나19의 재확산 정도와 백신 보급 상황, 주요국 통화정책 변화 및 파급효과 등에 영향받을 것으로 보인다.

● 국내경제는 양호한 회복세를 이어갔다. 코로나19 재확산 영향으로 민간소비가 다소 둔화되었으나 수출이 호조를 지속하고 설비투자도 견조한 흐름을 나타내었다. 고용 상황은 취업자수 증가가 지속되는 등 개선세를 이어갔다. 앞으로 국내경제는 수출과 투자가 호조를 지속하는 가운데 민간소비가 백신접종 확대, 추경 집행 등으로 점차 개선되면서 회복세를 이어갈 것으로 보인다. 금년중 GDP성장률은 지난 5월에 전망한 대로 4% 수준을 나타낼 것으로 예상된다.

● 소비자물가 상승률은 석유류 및 농축수산물 가격 오름세 지속, 서비스 가격 상승폭 확대 등으로 2%대 중반의 높은 수준을 이어갔으며, 근원인플레이션율(식료품 및 에너지 제외 지수)은 1%대 초반을 나타내었다. 일반인 기대인플레이션율은 2%대 중반으로 높아졌다. 금년 중 소비자물가 상승률은 5월 전망치(1.8%)를 상회하는 2%대 초반으로 높아질 것으로 보이며, 근원인플레이션율은 1%대 초반을 나타낼 것으로 예상된다.

● 금융시장에서는 국제금융시장 움직임, 국내 코로나19 재확산

등에 영향받아 주가가 하락하고 원/달러 환율이 상당폭 상승하였다. 국고채 금리는 장기물을 중심으로 하락하였다. 가계대출은 증가세가 확대되었으며, 주택가격은 수도권과 지방 모두에서 높은 오름세를 지속하였다.

● 금융통화위원회는 앞으로 성장세 회복이 이어지고 중기적 시계에서 물가상승률이 목표수준에서 안정될 수 있도록 하는 한편 금융안정에 유의하여 통화정책을 운용해 나갈 것이다. 코로나19 관련 불확실성이 이어지고 있으나 국내경제가 양호한 성장세를 지속하고 물가가 당분간 2%를 상회하는 오름세를 나타낼 것으로 예상되므로, 앞으로 통화정책의 완화 정도를 점진적으로 조정해 나갈 것이다. 이 과정에서 완화 정도의 추가 조정 시기는 코로나19의 전개 상황 및 성장·물가 흐름의 변화, 금융불균형 누적 위험, 주요국 통화정책 변화 등을 면밀히 점검하면서 판단해 나갈 것이다.

이 결정문을 보면 기준금리를 결정할 때 다양한 요인을 고려하고 있다는 것을 알 수 있습니다. 국내는 물론 세계경제 상황이 언급되어 있습니다. 또한 국내외 금융시장뿐만 아니라 주택시장 동향도 나와 있습니다. 물론 한국은행 통화정책의 목표가 물가안정이기 때문에 물가에 대해서도 따로 언급하고 있습니다.

한국은행 총재는 금통위가 끝난 후 기자간담회를 합니다. 기준금리 결정 이유를 기자들에게 설명하고 기자들의 질문에 답도 합니다. 그 다음에 2주가 지나면 통화정책방향 결정회의에서 논의된 내용을 수록한 '의사록'을 발표합니다. 여기에는 회의에 참석한 금통위원 7인이 어떤 발언을 했는지가 적혀 있습니다. 물론 금통위에 참여한 위원의 이름은 적혀 있지 않습니다. 의사록 내용은 한국은행 사이트 통화정책 〉 통화정책방향 〉 통화정책방향 결정회의에서 볼 수 있습니다. 앞의 '통화정책결정회의'에 그 내용을 보여드렸습니다.

비둘기파와 매파의 구분은 이렇습니다 가끔 신문에서 보면 한국은행 금통위원을 '비둘기파'와 '매파'로 분류하는 기사가 나옵니다. 통화정책을 완화적으로 운용하자는 위원들을 '비둘기파'라 합니다. 쉽게 말해서 금리를 내리고 돈을 더 풀어 경기를 부양해야 한다고 주장하는 위원들이 비둘기파에 해당됩니다. 반대로 금리를 올리거나 통화정책을 긴축적으로 운용해야 한다고 주장하는 위원들에게는 '매파'라는 별칭이 붙여집니다. 금통위 의사록에는 발언자의 이름이 없기 때문에 누가 비둘기파고 매파인지 알 수 없습니다. 그러나 증권사 리서치센터에 채권을 분석하는 애널리

스트들은 평소의 발언에서 금통위원을 성향을 판단해 누가 비둘기 파이고 누가 매파인지 구분하기도 합니다.

한국은행은
기준금리를 왜
올리고 내릴까요?

앞에서 보았던 것처럼 한국은행은 어떤 때는 기준금리를 인상하고 또 어떤 시기에는 금리를 인하하기도 합니다. 그 이유를 찾기 위해서 한국은행의 통화정책 목표를 먼저 알 필요가 있습니다.

보통 통화정책이란 한 나라에서 화폐의 독점적 발행권을 지닌 중앙은행이 경제 내에 유통되는 통화의 양이나 가격(금리)에 영향을 미쳐 물가를 안정시키고 경제성장을 이루어 나가려는 일련의 정책을 말합니다. 이에 따라 '한국은행법 제1조 제1항에는 한국은행을 설립하고 효율적인 통화신용정책의 수립과 집행을 통하여 물가안정을 도모함으로써 국민경제의 건전한 발전에 이바지함'을 동 법의 목적으로 규정하고 있습니다. 한국은행 통화정책의 최우선 목표는 물가안정이라는 것입니다. 한국은행은 정부와 협의하여 물가안정목표를 설정하고 있습니다. 2019년 이후 물가안정목표는 소비자물가상승률(전년동기대비) 기준 2%입니다.

한국은행은 물가안정과 더불어 금융안정도 통화정책 목표로 설정했습니다. 국민경제가 안정적 성장을 이루기 위해서는 물가뿐만 아니라 금융안정도 확보되어야 한다는 것입니다. 참고로 미국 중앙은행인 연방준비제도는 통화정책 목표를 물가안정과 고용극대화로 설정했습니다. 각국의 중앙은행 목표에 공통적으로 물가안정이 들어가 있습니다만, 그 외 목표에는 약간의 차이가 있을 수 있다는 의미입니다.

> **기준금리는 어떻게 물가에 영향을 주나요?**

앞서 한국은행 통화정책의 가장 중요한 목표가 물가안정을 도모하여 국민경제의 건전한 발전에 있다고 말씀드렸습니다. 결국 물가안정을 목표로 기준금리를 인상하거나 인하한다는 것입니다.

한국은행의 기준금리 변경은 다양한 경로를 통해 물가를 포함해서 경제 전반에 영향을 미칩니다. 이를 통화정책의 파급경로라 하는데, 그 경로를 다섯 가지 정도로 요약해볼 수 있습니다.*

첫째, 금리 경로입니다. 한국은행의 기준금리 변경은 단기 및 장기 시장금리뿐만 아니라 은행 예금금리와 대출금리에도 영향을 줍니다. 예를 들어 한국은행이 금리를 인하하면 소비와 투자 등 총수요가 증가하면서 경제성장률이 올라가고(고용이 증가하고) 물가도 상승합니다. 기준금리를 인상하면 그 반대로 경제성장률과 물가상승률이 낮아지게 되겠지요. 이하에서도 금리 인상의 경우에는 반대의 효과가 나타날 것으로 생각하면 됩니다.

둘째, 자산 가격 경로입니다. 기준금리 변

* 한국은행, '통화정책 효과의 파급' 참조

경은 주식, 채권, 부동산 등 각종 자산 가격에도 영향을 줍니다. 금리가 낮아지면 주가가 오릅니다. 금리가 떨어진 만큼 주식을 통해서 얻을 수 있는 미래 수익의 현재 가치가 높아지기 때문입니다. 부동산 가격도 마찬가지입니다. 또한 금리가 하락하면 채권 가격은 상승하게 됩니다. (금리와 채권 가격은 반대 방향으로 움직이는데, 이에 대해서는 뒤에서 자세하게 설명하겠습니다.) 따라서 한국은행의 금리 인하는 자산 가격 상승으로 가계의 부 (wealth)를 증가시켜 결국 소비 증가 요인으로 작용합니다.

셋째, 신용 경로입니다. 한국은행의 기준금리 변경은 은행의 대출 태도에 영향을 미칩니다. 다른 조건이 일정하다면 금리 하락은 부채를 가지고 있는 가계나 기업의 상환 능력을 제고시키기 때문에 은행은 대출을 더 늘리려 합니다.

넷째, 환율 경로입니다. 다른 나라 중앙은행이 금리를 유지하고 있을 때, 한국은행만 금리를 인하하면 우리 원화 가치가 하락합니다. 원/달러 환율이 상승한다는 의미입니다. 돈이라는 게 눈이 있어서 금리가 높은 곳으로 이동하게 되어 있는데, 금리를 인하한 국가에서 다른 나라로 자금이 유출되기 때문입니다. 원화 가치 하락은 우리나라 수출 상품의 가격을 하락시켜 수출 증대 요인으로 작용합니다. 수출이 증가하면 경제성장률과 물가도 오르게 됩니다.

다섯째, 기대 경로입니다. 기준금리 변경은 경제주체의 기대인플레이션 변화를 통해서도 물가에 영향을 미칩니다. 한국은행의 기준금리 인하는 물가상승률을 높이기 위한 조치로 받아들여 기대인플레이션을 상승시키게 됩니다. 기대인플레이션의 상승은 기업의 상품 가격 인상이나 근로자의 임금 상승을 초래해 실제 물가상승률을 올리게 되는 효과가 있습니다.

이러한 다섯 가지 경로를 통해 기준금리는 경제성장(고용)과 물가에 영향을 미칩니다. 그러나 이러한 통화정책의 파급효과는 항상 일정한 것이 아니고 그 당시 경제 상황에 따라 그 크기나 시차는 달라질 수 있습니다.

앞서 살펴본 통화정책의 파급경로를 아래 그림으로 요약할 수 있습니다.

◀ **통화정책의 파급 경로 요약** ▶

┌─────────────────────────┐
미국의 기준금리는
연방기금금리
입니다
└─────────────────────────┘

한국은행의 기준금리에 대한 설명이 좀 길었지만, 그래도 미국의 기준금리에 대해서도 언급하겠습니다. 미국의 금리가 전 세계

경제와 금융시장에 영향을 미치고 있기 때문입니다.

미국의 중앙은행은 연방준비제도(Board of Governors of the Federal Reserve System)입니다. 줄여서 'The Federal Reserve' 혹은 'Fed'라고 합니다. 이 책에서는 연방준비제도를 'Fed'라 표현하겠습니다. Fed는 연방준비제도이사회(Federal Reserve Board), 연방공개시장위원회(Federal Open Market Committee, FOMC), 12개 지역의 연방준비은행(Federal Reserve Banks), 연방준비은행이사회(Board of Directors) 등으로 구성되어 있습니다. 이중 연방준비제도이사회는 각 연방은행의 운용에 대한 관리를 하고 연방공개시장위원회(FOMC)가 의결한 통화금융정책을 수행합니다. 연방준비제도위원회(연준위)는 상원의 권고와 동의를 얻어 대통령이 임명하는 7명의 위원(임기 14년, 재임불허, 2년마다 1명씩 교체)으로 구성되며, 이중 1명을 대통령이 임기 4년의 의장에 임명합니다.

미국의 기준금리는 연방기금금리입니다. 이를 FOMC에서 결정합니다. FOMC는 연방준비제도위원회 위원 전원(7명)과 뉴욕 연방은행 총재 및 다른 지역 연방은행 총재 중에서 교대로 선출되는 4명을 합하여 모두 12명으로 구성됩니다. FOMC 의장은 연방준비위원회 의장이, 부의장은 뉴욕연방은행 총재가 맡습니다.

이들이 매년 8번 FOMC를 개최해 연방기금금리를 결정합니다. 참고로 2021년 11월 2~3일에 있었던 FOMC 결정문을 소개합니다.

앞서 언급했습니다만, Fed의 통화정책 목표는 고용극대화와 물가안정입니다. 발표문의 첫 문장에 그 내용이 명시되어 있습니다. 발표문의 마지막에는 FOMC에 참여한 12명의 위원 전부가 내용에 찬성한다고 되어 있습니다.

* FOMC 일정은 Fed 홈페이지 연방공개시장위원회에서 확인할 수 있습니다.

For release at 2 p.m. EDT November 3, 2021

The Federal Reserve is committed to using its full range of tools to support the U.S. economy in this challenging time, thereby promoting its maximum employment and price stability goals. With progress on vaccinations and strong policy support, indicators of economic activity and employment have continued to strengthen. The sectors most adversely affected by the pandemic have improved in recent months, but the summer's rise inCOVID-19 cases has slowed their recovery. Inflation is elevated, largely reflecting factors that are expected to be transitory. Supply and demand imbalances related to the pandemic and the reopening of the economy have contributed to sizable price increases in some sectors. Overall financial conditions remain accommodative, in part reflecting policy measures to support the economy and the flow of credit to U.S. households and businesses. The path of the economy continues to depend on the course of the virus. Progress on vaccinations and an easing of supply constraints are expected to support continued gains in economic activity and employment as well as a reduction in inflation. Risks to the economic outlook remain. The Committee seeks to achieve maximum employment and inflation at the rate of 2 percent over the longer run. With inflation having run persistently below this longer-run goal, the Committee will aim to achieve inflation moderately above 2 percent for some time so that inflation averages 2 percent over time and longer-term inflation expectations remain well anchored at 2 percent. The Committee expects to maintain an accommodative stance of monetary policy until these outcomes are achieved. The Committee decided to keep the target range for the federal funds rate(more)For release at 2 p.m. EDT November 3, 2021-2-at 0 to 1/4 percent and expects it will be appropriate to maintain this target range until labor market conditions have reached levels consistent with the Committee's assessments of maximum employment and inflation has risen to 2 percent and is on track to moderately exceed 2 percent for some time. In light of the substantial further progress the economy has made toward the Committee's goals since last December, the Committee decided to begin reducing the monthly pace of its net asset purchases by $10 billion for Treasury securities and $5 billion for agency mortgage-backed securities. Beginning later this month, the Committee will increase its holdings of Treasury securities by at least $70 billion per month and of agency mortgage-backed securities by at least $35 billion per month. Beginning in December, the Committee will increase its holdings of Treasury securities by at least $60 billion per month and of agency mortgage-backed securities by at least $30 billion per month. TheCommittee judges that similar reductions in the pace of net asset purchases will likely be appropriate each month, but it is prepared to adjust the pace of purchases if warranted by changes in the economic outlook. The Federal Reserve's ongoingpurchases and holdings of securities will continue to foster smooth market functioning and accommodative financial conditions, thereby supporting the flow of credit to households and businesses. In assessing the appropriate stance of monetary policy, the Committee will continue to monitor the implications of incoming information for the economic outlook. The Committee would be prepared to adjust the stance of monetary policy as appropriate if risks emerge that could impede the attainment of the Committee's goals. The Committee's assessments will take into account a wide range of information, including readings on public health, labor market conditions, inflation pressures and inflation expectations, and financial and international developments.(more)For release at 2 p.m. EDT November 3, 2021-3-Voting for the monetary policy action were Jerome H. Powell, Chair; John C. Williams, Vice Chair; Thomas I. Barkin; Raphael W. Bostic; Michelle W. Bowman; Lael Brainard; Richard H. Clarida; Mary C. Daly; Charles L. Evans; Randal K. Quarles; and Christopher J. Waller.

2021년 11월 FOMC에서 Fed는 '테이퍼링'(tapering)을 시작했습니다. 2020년 3월부터 Fed는 매월 1,200억 달러(국채 800억 달러와 주택저당채권 400억 달러) 규모의 자산을 매입하면서 시장에 통화를 공급했습니다. 그러나 고용이 어느 정도 개선되고 물가가 오르고 있기 때문에 2021년 11월에 자산 매입 규모를 1,050억 달러(국채 700억 달러와 주택저당채권 350억 달러)로 줄이기로 했습니다. 앞으로 경제 상황을 고려하면서 그 규모를 더 줄이고, 그 다음에는 기준금리인 연방기금금리를 인상하게 될 것입니다. 이는 통화정책

방향의 대전환인 만큼 글로벌 금융시장에 중요한 영향을 줄 가능성이 높습니다.

FOMC 일정표를 보면 개최일 오른쪽 상단에 (*)가 붙어 있는 경우가 2번에 1번꼴로 나타나 있습니다. 이 FOMC가 다른 FOMC보

◀ **FOMC 일정표** ▶

2021 FOMC Meetings				
January	26-27	**Statement:** PDF | HTML Implementation Note	Press Conference

Statement on Longer-Run Goals and Monetary Policy Strategy | **Minutes:** PDF \| HTML (Released February 17, 2021) |
March	16-17*	**Statement:** PDF | HTML Implementation Note	Press Conference **Projection Materials** PDF | HTML	**Minutes:** PDF | HTML (Released April 07, 2021)
April	27-28	**Statement:** PDF | HTML Implementation Note	Press Conference	**Minutes:** PDF | HTML (Released May 19, 2021)
June	15-16*	**Statement:** PDF | HTML Implementation Note	Press Conference **Projection Materials** PDF | HTML	**Minutes:** PDF | HTML (Released July 07, 2021)
July	27-28	**Statement:** PDF | HTML Implementation Note	Press Conference	**Minutes:** PDF | HTML (Released August 18, 2021)
September	21-22*	**Statement:** PDF | HTML Implementation Note	Press Conference **Projection Materials** PDF | HTML	
November	2-3			
December	14-15*			
* Meeting associated with a Summary of Economic Projections.				

자료: FOMC

다 더 중요합니다. (*)가 있는 FOMC에서는 경제성장률, 실업률, 물가상승률 전망치가 제시되어 있습니다. 바로 직전 전망치와 비교되어 있기 때문에 Fed의 경제 상황에 대한 변화를 볼 수 있습니다. 또한 (*)가 있는 FOMC에서는 점도표가 있습니다. 이는 FOMC 위원들이 경제 상황을 판단하여 적정하다는 생각하는 금리 수준에 점 (·)을 찍는 것입니다.

아래 그림이 2021년 9월 21~22일 개최되었던 FOMC에서 나타난

◀ **FOMC 점도표** ▶

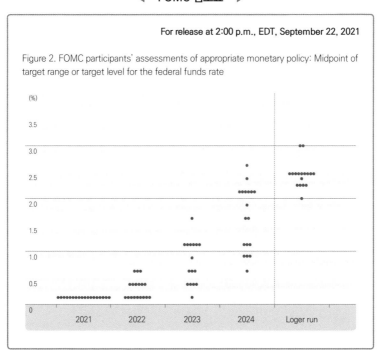

자료: FOMC

점도표입니다. 18명(12명의 FOMC 위원과 6명의 지역 연준 총재)의 위원 전부가 2021년에는 연방기금금리 목표 수준이 0.00~0.25%가 적합하다고 보았습니다. 2022년에는 9명의 위원이 금리를 한두 차례 인상해야 한다고 했고, 2023년에는 1명을 제외한 17명의 위원이 금리 인상에 점을 찍었습니다. 이를 보고 시장에서는 Fed가 빠르면 2022년에 금리를 인상할 것으로 내다보고 있는 것입니다. 그러나 이를 전적으로 믿어서는 안됩니다. 전개되는 경제 상황과 전망치의 수정에 따라 점도표가 변할 수 있기 때문입니다.

참고로 2021년 10월 시점 한국은행의 기준금리는 0.75%이고, 미국 Fed의 기준금리인 연방기금금리는 0.00~0.25%입니다. Fed는 기준금리에 일정 수치가 아니라 범위를 두고 있습니다. 현재의 경제 상황을 정확히 판단할 수 없기 때문에 기준금리에 범위를 두는 것이 더 적합할 것 같습니다.

다음 그림은 한국은행의 기준금리와 Fed의 연방기금금리 추이를 비교한 것입니다. 크게 보면 한국은행 기준금리와 Fed의 연방기금금리의 방향이 같습니다. 그러나 세부적으로 보면 차이도 있습니다. Fed가 2008년 12월에서 2015년 11월 사이에 연방기금금리를 0.00~0.25%(그림에서는 상한선만 표시)에서 유지했으나, 한국은행은 기준금리를 2010년 6월 2.00%에서 2011년 6월에는 3.25%로 0.25% 포인트씩 4차례 인상한 적이 있었습니다. 당시 한국의 소비

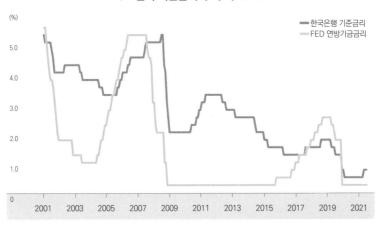

자료: 한국은행, Fed

자물가상승률이 4%를 웃돌 정도로 불안했기 때문이었습니다. 각국의 경제상황에 따라 기준금리가 달라질 수 있다는 이야기입니다.

또 한 가지 비교되는 점은 한국은행보다 Fed가 기준금리를 더 탄력적으로 운용하고 있다는 데서 찾을 수 있습니다. 예를 들면 2008년 금융위기 때 Fed는 연방기금금리를 5.00~5.25%에서 0.00~0.25%로 인하했습니다. 또한 2020년에도 코로나19로 경기가 급속하게 위축되자 금리를 2.25~2.50%에서 0.00~0.25%로 내렸습니다.

[적정 기준금리 수준을 결정하는 하나의 방법이 테일러준칙이라 합니다]

기준금리에 대해서는 지금까지 말씀드린 것으로 충분합니다. 그러나 기준금리에 대해서 좀 더 깊이 공부하고 싶은

분은 테일러준칙까지 알아두면 더 좋을 것 같습니다. 이것이 기준
금리의 적정 수준을 추정하는 하나의 방법이기 때문입니다.

테일러준칙은 1992년 존 테일러 스탠퍼드대 교수가 처음 제시했
습니다. 미국의 경제 대통령으로 기억되는 앨런 그린스펀 전 연준
의장(1987.8~2006.1 재임)도 연방기금금리를 결정할 때 테일러준
칙을 많이 참조했다고 합니다.

테일러준칙은 국내총생산(GDP) 갭률과 인플레이션 갭에 가중
치를 두어 적정금리 수준을 추정하는 방법입니다. 여기서 GDP 갭
률은 실제와 잠재 GDP의 % 차이이고, 인플레이션 갭은 실제 물가
상승률과 목표 물가상승률의 차이입니다. 가중치는 각각에 0.5씩
주는 게 일반적입니다. 구체적 수식으로 표현하면 다음과 같습니다.

적정기준금리=
과거실질금리 + 소비자물가상승률 + 0.5 × (GDP갭률) + 0.5 × (인플레이션갭)

이 기준으로 제가 2021년 3분기 적정 기준금리를 추정해보면
2.5% 정도로 나옵니다. 실제 기준금리는 0.75%입니다. 기준금리 추
정에 전제조건이 있습니다. 과거 기준금리와 물가상승률의 차이인
실질금리를 계산해야 하는데, 이는 기간에 따라 다릅니다. 여기서는
2001~2020년 평균인 0.5%를 사용했습니다. 또한 GDP 갭률을 계

산하기 위해서는 잠재 GDP를 먼저 추정해야 합니다. 잠재 GDP란 생산 측면에서는 노동과 자본 등 생산 요소를 완전고용했을 때 생산할 수 있는 GDP, 수요 측면에서는 인플레이션을 유발하지 않고 성장할 수 있는 GDP 등으로 정의됩니다. 잠재 GDP는 추정 방법에 따라 달라질 수 있습니다. 또한 소비자물가를 그 자체로 선택할 것인가 아니면 농산물과 석유류를 제외한 근원 소비자물가를 사용하는가에 따라 적정 금리 수준이 달라질 수 있습니다. 저는 근원물가로 추정했습니다.

아래 그림은 제가 추정한 적정 기준금리와 실제 금리를 보여주고 있습니다.

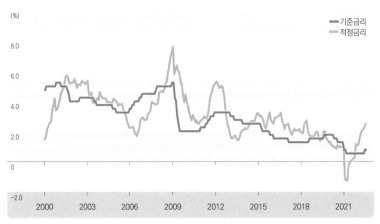

◀ **테일러준칙을 활용한 적정 기준금리 추정** ▶

자료: 한국은행

금리인상이
가계와 자영업자에 미치는 영향

금리인상으로
가계 이자부담금액이
늘어나게 되었습니다

한국은행은 2021년 8월 기준금리를 0.50% 에서 0.75%로 올렸습니다. 금리인상 이후 가계의 금리 부담이 늘어날 것이라는 우려가 많이 나오고 있습니다. 2021년 2분기말 가계 부채가 1,806조 원으로 매우 많았기 때문입니다. 처분가능소득에 비해서도 가계 부채비율이 172%로 매우 높습니다.

그렇다면 금리를 0.25% 포인트 인상했을 때 가계가 부담하는 이자는 얼마나 될까요? 한국은행은 이 경우 가계의 이자부담이 2020년 말보다 2조 9,000억 원 늘어날 것으로 추정했습니다. 돈을 빌린 사람(차주) 1인당 이자부담금액이 2020년 271만 원에서 286만 원으로 늘어난다는 것입니다. 금리가 0.50% 포인트 인상되면 1인당 이자부담금액은 301만 원으로 더 증가하게 됩니다.

문제는 가계가 늘어난 이자를 부담할 수 있는가에 있습니다. 즉, 채무상환능력이 있는가입니다. 이를 알기 위해서는 총부채원리금상환비율(DSR)이라는 단어를 이해할 필요가 있습니다. 이는 대출을 받으려는 사람의 소득대비 전체 금융부채의 원리금 상환액 비율을 말하는 것으로, 연간 총부채 원리금 상환액을 연간 소득으로 나눠 산출합니다. 2020년 기준으로 DSR이 35.9%였습니다. 즉, 우리 가계가 연간 소득의 36% 정도를 원리금 상환에 쓰고 있다는 것입

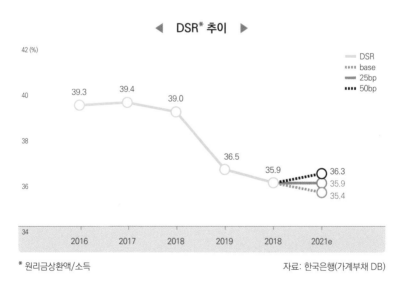

◀ **DSR* 추이** ▶

* 원리금상환액/소득

자료: 한국은행(가계부채 DB)

니다. 한국은행은 금리가 0.50% 포인트 인상될 경우 DSR이 36.3%로 올라갈 것으로 추정하고 있습니다. 소득계층별로 보면 저소득자의 DSR이 58.6%에서 60.5%로 증가합니다.

참고로 최근 DSR 추이와 금리인상의 경우 한국은행이 추정한 DSR 변화가 앞의 그림에 나와 있습니다. 여기서 'bp'라는 단어가 나오는데, 이는 'basis point'의 약자입니다. 이자율을 표현할 때 1%는 100bp와 같습니다. 0.25%는 25bp인 것입니다.

금리인상으로 자영업자 부담도 더 늘어납니다

2021년 8월 시점 우리나라 자영업자는 555만 명이고, 전체 취업자 가운데 20%를 차지하고 있습니다. 이들이 가지고 있는 금융부채는 2021년 3월 말 시점 832조 원 정도입니다. 금리가 오르면 가계와 마찬가지로 자영업자의 이자부담금액도 올라갈 수밖에 없습니다. 한국은행 분석에 따르면, 금리가 0.25% 포인트와 0.50% 포인트 올라갔을 경우, 자영업자의 이자부담금액은 각각 1조 5,000억 원과 2조 9,000억 원 증가하는 것으로 나타났습니다. 채무상환능력을 나타내는 DSR도 2020년 37.8%에서 각각의 경우 38.3%, 38.7% 오르는 것으로 분석되었습니다.

(%)

	2016	2017	2018	2019	2020	2021년*		
DSR**	41.5	39.4	38.0	36.8	37.1	37.8	38.3	38.7

* 21.2/4분기말 대출잔액 기준 추정　　　자료: 한국은행(가계부채 DB), 통계청(가계금융·복지조사) 등
** 원리금상환액/처분가능소득

업종별로는 숙박음식, 부동산업, 여가서비스업에서 DSR이 상대적으로 높았습니다. 소득분위별로는 저소득(1,2분위)에서 DSR의 상승 폭이 상대적으로 크게 분석되었습니다.

◀ **금리 상승시 업종 및 소득분위별 자영업자 가구 DSR 변화*** ▶

(%)

업종별	base	+25bp	+50bp	소득분위별	base	+25bp	+50bp
도소매	39.7	40.2	40.7	1분위	38.1	38.7	39.3
숙박음식	51.2	51.8	52.4	2분위	45.6	46.1	46.6
부동산	32.9	33.7	34.6	3분위	44.5	44.9	45.4
여가서비스	56.9	57.5	58.2	4분위	39.2	39.6	40.0
개인서비스	58.2	58.7	59.1	5분위	33.5	33.9	34.4
전체	37.8	38.3	38.7	전체	37.8	38.3	38.7

* 21.2/4분기말 대출잔액 기준 추정　　　자료: 한국은행(가계부채 DB), 통계청(가계금융·복지조사) 등

금리가 오르면 가계 전체적으로는 이익입니다	그러나 금리가 오르면 기업 소득이 가계 소득으로 이전되면서 가계 소비가 늘어나는 긍정적 효과도 있습니다. 가계는 전체적으로

로 금융자산이 부채보다 많은 자금 잉여주체입니다.

한국은행 자금순환에 따르면 2021년 2분기말 우리나라 가계(비영리단체 포함)가 가지고 있는 금융자산은 4,784조 원으로 금융부채(2,160조 원)보다 2.2배 많습니다. 장기간 진행되고 있는 저금리로 가계의 이자소득이 줄었습니다. 2000년에 20조 원이었던 가계의 순이자 소득이 2017년 이후에는 마이너스로 전환되었고, 특히 2019년에는 -9조 원이었습니다.

가계와는 달리 기업은 금융자산보다는 부채가 더 많은 자금 부족 주체입니다. 금리가 하락하면 기업의 이자 부담은 그만큼 줄어드는 효과가 있습니다. 기업의 순이자 부담액이 2000년 39조 원에서 최근에는 20조 원 안팎으로 낮아졌습니다.

국민총소득(GNI)이 발생하면 가계, 기업, 정부 등 각 경제 주체가 나눠 갖습니다. GNI에서 가계가 차지하는 비중은 2000년 67%에서 최근에는 61% 안팎으로 떨어졌습니다. 이와는 달리 기업 몫은 같은 기간 19%에서 27%로 올라갔습니다. 가계는 상대적으로 가난해지고 기업은 부자가 된 셈입니다.

여기에는 기업이익 증가보다 상대적으로 낮은 임금 상승률 등 여러 가지 원인이 있지만, 저금리도 가계 소득의 감소를 초래했습니다. 금리가 오르면 GNI 가운데 가계 소득이 상대적으로 늘어나면서 소비 여력도 증대될 수 있습니다.

단리와 복리

**저축은 복리로
해야 합니다**

앞서 금리란 무엇인가를 알아보았고, 금리가 거시경제에 어떠한 영향을 주는지도 살펴보았습니다. 그런데 금리는 개인의 삶에도 큰 영향을 줍니다. 우리가 평생을 살아가면서 은행에 저축을 하고 때로는 대출을 받기도 합니다. 은행 등 금융회사에 돈을 맡기면 금융회사는 개인에게 금리를 지불하는데, 이를 금융회사 입장에서 수신금리라 합니다. 반대로 금융회사에 돈을 빌릴 때 개인이 금융회사에 내는 금리를 대출금리라 합니다.

금리의 경제학적 정의에서 금리란 미래의 소비를 위해서 현재의 소비를 희생하는 것이라고 했습니다. 결혼준비를 위해서 저축을 할 수도 있고, 주택 마련이나 자녀 교육을 위해서 저축을 할 수 있습니다. 그러나 금리의 정의에서 본 것처럼 저축의 가장 큰 목적은 미래의 소비에 있다고 해도 과언은 아닙니다.

은행에 돈을 맡길 때 단리와 복리의 개념을 알아야 합니다. 단리란 매년 원금에 이자만 붙는 것이고, 복리란 원금뿐만 아니라 이자에 이자가 또 붙는 것입니다. 선택에 따라 얼마나 큰 차이가 있는지 구체적 수치로 예를 들어보겠습니다.

72법칙을 알아야 합니다 어떤 사람이 현재 100만 원을 가지고 있고, 금리 4%로 예금을 하고, 100년 후에 찾는다고 해보겠습니다.

단리로 예금했을 경우 100년 후에 받게 돈이 500만 원($=100+(100 \times 0.04) \times 100$)입니다. 반대로 복리로 예금했을 경우에는 5,050만 4,948원($=100 \times (1+0.04)^{100}$)으로 10배 이상 늘어납니다. 복리의 마법이지요. 이런 의미에서 물리학자 알버트 아인슈타인(Albert Einstein)은 복리는 세계 9대 불가사의 중 하나라고 말하면서, 원금을 2배로 불리는 기간을 복리로 계산하는데 '72법칙'을 제시하였습니다. 72를 연 금리로 나누면 원금이 2배가 되는 기간이 나온다는 것이 이 법칙의 핵심입니다. 앞의 예에서 금리 4%를 가정하면 복

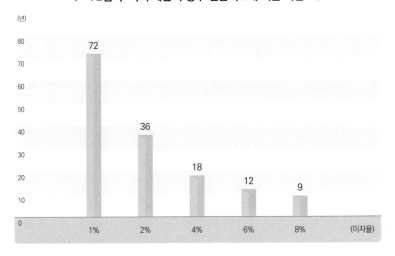

◀ 72법칙: 복리 예금의 경우 원금이 2배 되는 기간 ▶

(년)

80 —

72

70

60

50

40 — 36

30

20 — 18

12

10 — 9

0

1%   2%   4%   6%   8%   (이자율)

리로 예금했을 때 원금이 2배가 되는 기간은 18년(=72/4)입니다.

　현재 은행예금 금리는 1%에도 미치지 못하고 있습니다. 금리가 1%라면 복리로 예금해도 72년 후에야 원금의 2배 되는 돈을 받을 수 있다는 것입니다. 나중에 왜 금리가 이처럼 낮고 저금리 시기에 어떻게 살아가야 하는지를 말씀드리겠습니다만, 미리 한 가지만 지적하면 저금리 시대는 일하면서 근로소득을 꾸준히 받는 게 중요합니다. 예를 들어 1억 원을 은행에 예금했을 경우 1% 금리라면 1년에 100만 원의 이자를 받습니다. 한 달에 10만 원도 안 되는 돈이지요. 어떤 일을 해서 한 달에 10만 원을 받으면 1억 원의 예금을 가지고 있는 거나 똑같은 현금흐름이라는 것입니다.

복리로 예금했을 경우 같은 기간이라도 금리에 따라 원금이 2배 되는 기간이 크게 달라질 수 있다는 것을 보았습니다. 제가 대학생이었을 때(1980년 전후) 금리가 30%였습니다. 그때 복리로 예금했다면 2년 반 정도 뒤에 원금이 2배가 됩니다. 2000년에는 금리가 9%였기에 8년 후에 원금이 2배가 됩니다. 그러나 현재는 금리가 1% 안팎이고, 원금이 2배 되는 기간은 72년입니다.

이러한 차이가 경제성장률에도 그대로 적용됩니다. 1970년대와 1980년대 우리 경제의 실질 성장률이 연평균 10% 정도였습니다. 그러나 현재는 2% 안팎으로 떨어졌습니다. 그만큼 경제 규모가 늘어나는 속도가 줄어들고 있다는 의미입니다.

이러한 경제성장률의 차이로 중국 경제가 미국 경제에 빠른 속도로 접근해오고 있습니다. 국제통화기금(IMF)에 따르면 2000년에 중국 국내총생산(GDP)이 미국 GDP의 11.8%였으나, 2020년에는 70.3%로 급증했습니다. 앞으로 10년 동안 중국 경제가 매년 5% 성장하고 미국 경제가 2% 정도 성장할 가능성이 높은데, 이 경우 2030년 전후에는 중국 GDP가 미국을 넘어서게 됩니다. 이것이 미국 패권전쟁의 중요한 원인입니다. 이에 대해서는 환율 파트에서 자세히 살펴보겠습니다.

금리와 채권 가격은
역관계

> **금리가 오르면 채권 가격은 떨어집니다**

우리가 주식을 사면 배당금도 받고 주가가 오를 경우 시세 차익도 누립니다. 채권을 살 경우에는 배당금 대신 이자를 받습니다. 또한 채권에서도 주식처럼 시세 차익을 누릴 수 있습니다. 채권도 시장에서 매일 거래되면서 가격이 변동하기 때문입니다.

그런데 채권 가격은 금리와 반대 방향으로 움직입니다. 금리가 오르면 채권 가격은 떨어지고, 그 반대의 경우도 성립합니다. 그 이유를 한국은행에서 발행한 〈알기 쉬운 경제지표 해설(2019)〉에서 다음과 같이 수치로 예를 들어 설명합니다.

1년 후에 100만 원을 받는 채권이 있습니다. 이 채권을 지금 98만 원에 산다면 1년 후 2만 원을 더 받게 되는 셈입니다. 그러면 수익률은 수익금(2만 원)을 투자금액(98만 원)으로 나눈 2.04%($\frac{20,000}{980,000}$=0.0204)입니다. 이 수익률은 채권시장에서 '채권수익률'이라 하는데, 금리와 같은 개념입니다. 은행에 98만 원을 맡겼다가 1년 후에 100만 원을 받는 것과 같기 때문입니다.

그런데 같은 채권을 98만 원이 아닌 96만 원에 샀다가 1년 후에 같이 100만 원을 받았다고 가정해봅니다. 그러면 수익률은 4.17%($\frac{40,000}{960,000}$=0.0417)가 됩니다. 금리(채권수익률)가 2.04%에서 4.17%로 오르면 채권 가격은 98만 원에서 96만 원으로 떨어지게 됩니다. 금리와 채권 가격을 반대 방향으로 움직이고 있다는 것을 알 수 있습니다.

좀 더 쉽게 설명해보겠습니다. 우리 정부가 재정 적자를 메꾸기 위해 국채를 발행해야 합니다. 2년 전에 10년 만기 국채를 2%에 발행했다고 가정해봅니다. (참고로 국채 만기는 다양합니다. 1년, 3년, 5년, 10년, 30년 만기도 있습니다). 그런데 나중에 설명드리겠습니다만, 경제성장률과 물가상승률이 높아지면 금리가 올라갑니다. 이런 상황에서 정부가 새로운 채권을 발행하려면 금리를 더 줘야 합니다. 예를 들어 이제 4%에서 국채를 발행해야 하는 상황이 도래했다고 해봅니다. 그러면 국채를 사는 개인(혹은 기관투자가)들은 2%에 발행했던 국채보다는 4%에 발행한 국채를 더 사게 됩니다. 그러면 2%에 발행한 국채는 수요가 줄어듭니다. 이 경우 국채 가격은 떨어지고 앞의 예에서 본 것처럼 금리는 오르게 됩니다.

[**채권의 수요와 공급에 따라 가격과 금리가 결정됩니다**] 앞서 수치로 예를 들어 채권 가격과 금리가 역의 관계가 있다는 것을 보여드렸습니다. 이제 경제학에서 자주 나오는 수요와 공급 곡선을 이용하여 그 관계를 다시 설명해보겠습니다.

모든 가격이 수요와 공급에서 결정되는 것처럼 채권 가격도 마찬가지입니다. 우선 채권시장에서 채권의 공급자는 대표적으로 정부와 기업입니다. 정부가 거둬들이는 세금이 지출보다 적을 때 국채를 발행합니다. 기업은 투자나 운용 자금을 마련하기 위해 회사채를 발행합니다. 반면 채권 수요자는 가계와 금융회사라 볼 수 있습니다. 가계는 여유자금을 은행이나 보험사에 맡기거나 주식과 채권 등을 활용해 저축을 하게 됩니다. 금융회사들은 가계가 맡긴 돈과 자기자본 일부를 채권에 투자합니다.

다음 그림에서 채권의 공급 곡선은 정부나 기업에 의해서 결정됩니다. 모든 상품 가격에서처럼 가격이 비싸지면(금리가 낮아진다는 의미입니다) 공급이 늘어나는 것처럼 채권도 마찬가지입니다. 그래

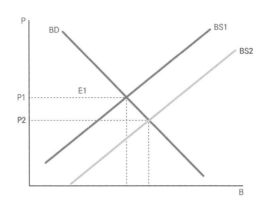

◀ 채권시장에서 가격 결정 ▶

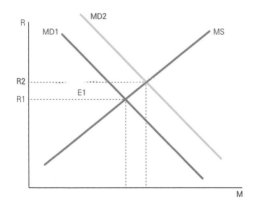

◀ 자금시장에서 금리 결정 ▶

서 채권 공급 곡선은 우상향합니다. 반대도 채권 수요자 입장에서
는 가격이 싸지면(금리가 높아지면) 더 살려고 하기 때문에 채권 수
요 곡선은 우하향하게 됩니다. 이렇게 해서 공급과 수요 곡선이 만

나는 점인 P1에서 채권 가격이 결정되게 됩니다.

채권시장이 있으면 그 반대편에 자금시장이 있습니다. 채권을 공급하는 정부나 기업은 돈이 필요해서 채권을 발행하기 때문에 자금의 수요자입니다. 반대로 채권을 사는 가계나 금융회사는 돈을 주고 채권을 사는 자금의 공급자입니다. 자금의 수요와 공급이 만나는 점(R1)에서 금리가 결정됩니다.

이제 어떤 기업이 새로운 투자를 위해서 채권 발행을 통해 자금을 조달했다고 가정해봅니다. 이 기업이 채권을 발행했기 때문에 채권의 공급 곡선이 BS1에서 BS2으로 이동하게 됩니다. 일반 상품에서 공급이 늘어나면 그 가격이 떨어지는 것처럼 채권이 공급이 늘어나면 채권 가격도 P1에서 P2로 하락하게 됩니다.

채권 공급이 늘어났다는 것은 자금시장에서 측면에서 보면 자금의 수요가 증가했다는 의미입니다. 그래서 자금시장에서 수요 곡선이 MD1에서 MD2로 이동합니다. 자금 공급은 일정하다고 가정하면 수요가 늘어났기 때문에 금리가 R1에서 R2로 오르게 됩니다. 그래서 어떤 기업이 채권 발행을 늘렸다면 채권 가격은 하락하고 금리는 오르게 됩니다. 채권 가격과 금리가 반대 방향으로 움직인다는 것을 채권과 자금시장의 수요·공급 원리로 쉽게 설명할 수 있다는 것입니다.

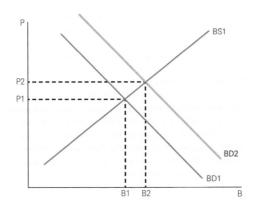

◀ 한국은행 통화공급, 채권가격 상승 ▶

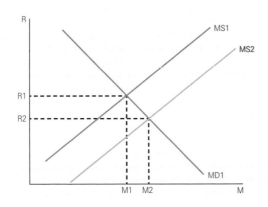

◀ 자금 공급 증가, 금리 하락 ▶

이 원리만 머리에 두고 있으면 어떤 경제 환경이 변했을 때 금리가 오르고 내려가는가를 알 수 있습니다. 예들 들어 경기 부양을 위해 한국은행이 통화 공급을 늘렸습니다. 이 돈을 받은 은행은 가계나 기업에 대출을 늘릴 수도 있지만, 일부는 채권을 사면서 자금을 운용합니다. 그러면 채권시장에서 채권 수요가 늘어나 채권 수요 곡선이 BD1에서 BD2로 이동합니다. 수요가 늘어나면 상품 가격이 오르는 것처럼 채권 가격도 P1에서 P2로 상승하게 됩니다.

자금시장 측면에서 보면 자금의 공급이 늘어났기 때문에 공급 곡선이 MS1에서 MS2으로 이동합니다. 자금의 공급이 늘어났기 때문에 금리는 R1에서 R2로 떨어지게 됩니다. 그래서 한국은행이 돈을 찍어내면 채권 가격은 오르고 금리는 떨어집니다. 이를 경제학적 용어로 유동성 효과라 합니다. 나중에 통화정책의 금리 파급 경로에서 자세히 설명드리겠습니만, 한국은행이 통화 공급을 늘렸을 때 단기적으로 유동성 효과에 의해 금리가 떨어지지만 중장기적으로 소득효과와 피셔효과에 의해 금리가 더 오른다는 것이 경제이론입니다.

[**금리 하락기에 채권투자를 해야 합니다**] 위에서 금리와 채권 가격이 역의 관계가 있다는 것을 자세히 보여드렸습니다. 우리가 여유자금 일부를 채권에도 투자해야 합니다. 참고로 한국은행에서 발표하는 자금순환을 보면 2021년 6월 말 우리나라 개인이 가지고 있는 금융자산이 4,784조 원인데, 이 중 2.7%에 해당하는 129조 원을 채권에 투자하고 있습니다.

채권투자는 '직접'과 '간접'으로 나눌 수 있습니다. 직접투자는 금융회사가 중개하는 채권을 직접 사는 것입니다. 그러나 문제는 수많은 채권이 존재하고 신용등급과 만기에 따라 채권 가격이 다 다릅니다. 주식시장에서는 개별 종목의 가격을 즉시에 알 수 있으나 채권 가격은 그렇지 못합니다. 그래서 채권은 간접투자하는 게 더 좋을 것 같습니다. 자산운용사에서 여러 가지 채권형 펀드를 만들어 운용하고 있습니다. 은행이나 증권회사 가면 그런 펀드를 금액에 관계없이 가입할 수 있습니다. 2021년 10월 말 채권형 펀드 잔액이 132조 원에 이르고 있습니다. 또한 증권회사에서 다양한 채권형 랩(Wrap) 상품을 운용하고 있습니다. 어떤 증권회사에서는 매월 이자를 주는 랩 상품을 개발해서 팔고 있습니다. 또 다른 채권 간접투자 상품으로 채권형 ETF(상장지수형 펀드)도 있습니다. 이 역시 소액으로 투자가 가능합니다. 참고로 이코노미스트로 오랫동안 일하고 있는 저도 채권투자는 간접적으로 하고 있습니다.

채권투자에서 중요한 것은 금리 하락기나 상승기냐입니다. 금리 하락기에는 채권 가격이 오르기 때문에 채권투자 수익률이 높습니다. 그러나 금리 상승기에는 투자 기간이 짧다면 손실을 볼 수도 있습니다.

금리로 미래의 경제를 예측
금리의 기간구조

지금까지 금리의 기본 개념을 주로 살펴보았습니다. 이제부터는 금리가 현실 경제를 파악하고 전망하는 데 얼마나 중요한지를 설명해보려 합니다. 이중 핵심은 장단기 금리차이로 미래의 경제를 전망해볼 수 있다는 것입니다.

**수익률 곡선은
채권만기에 따른 수익률을
연결한 선입니다**

그러기 위해서 먼저 수익률 곡선(yield curve)을 이해해야 합니다. 수익률 곡선이란 채권 만기에 따른 수익률 (금리)을 연결한 선입니다. 다음 그림은 우리 정부가 발행하는 국고

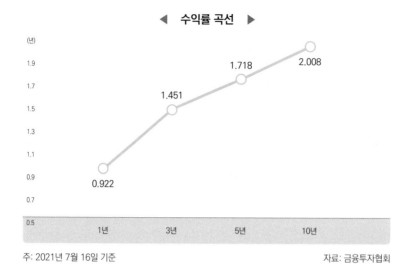

(년)

1.9   2.008

1.718

1.7

1.451

1.5

1.3

1.1

0.9

0.922

0.7

0.5

1년   3년   5년   10년

주: 2021년 7월 16일 기준   자료: 금융투자협회

채의 만기에 따른 수익률인데, 2021년 7월 16일 데이터를 예시해보

았습니다. 채권수익률은 금융투자협회나 증권사 사이트에서 매일

매일 볼 수 있습니다.

여기서 볼 수 있는 것처럼 보통의 경우 수익률 곡선은 우상향합

니다. 그 이유를 다양한 이유로 설명하고 있습니다만, 가장 대표적

이론이 기간 프리미엄입니다. 여기서 2021년 7월 16일 시점 1년 만

기 국고채 수익률이 0.922%이고 3년은 1.451%입니다. 그런데 3년

만기 수익률이 1년과 같다면 투자자들은 3년 국고채를 사지 않고

1년을 사게 될 것입니다. 1년보다는 3년이 불확실성이 더 크기 때

문입니다. 또한 만기가 길수록 유동성도 떨어집니다. 여기서 3년과 1년 만기 수익률의 차이인 0.529% 포인트를 기간 프리미엄이라 합니다. 마찬가지로 만기가 길수록 프리미엄이 더 붙고 수익률이 높습니다.

그런데 수익률 곡선이 항상 우상향하는 것은 아닙니다. 때로는 우하향할 수도 있습니다. 이때 수익률 곡선이 역전되었다고 합니다. 그럼 어떤 때 수익률 곡선이 역전될까요? 미래에 대한 경제 전망이 매우 어려운 시기에 장단기 금리차이가 역전됩니다. 그 이유는 금리에는 예상된 경제성장률과 물가상승률이 내포되어 있기 때문입니다. 미래의 경제성장률이 낮아질 것으로 기대되면 장기금리가 떨어지고 심지어는 단기금리보다 낮아질 수도 있습니다.

장단기 금리차이가 선행지수에 앞서갑니다

이제 장단기 금리차이로 구체적으로 경제를 전망하는 방법에 대해서 알아보겠습니다. 미래의 경기를 예측하기 위해서 통계청에서는 경기선행종합지수를 만듭니다. 이 지수에서 추세를 제거한 것이 선행지수순환변동치입니다. 이 지표가 경기 저점에 1~6개월 선행했고, 정점보다는 1~8개월 앞서갔습니다.

선행종합지수 구성 요소는 재고순환지표, 경제심리지수, 기계류 내수출하지수, 건설수주액, 수출입물가비율, 코스피, 장단기 금리차가 들어갑니다. 이 중에서 장단기금차는 선행지수순환변동치에 앞서갑니다.

장단기 금리차의 변화를 알면 선행지수순환변동치 미래를 알 수 있다는 것입니다. 여기서 장기금리는 10년 국고채수익률이고 단기금리는 1년 국고채수익률입니다. 그런데 단기금리로 정기예금증서 (CD) 91일물 금리가 설명력이 더 높아, 저는 국채 10년 수익률과 CD 91일물 금리를 뺀 것을 장단기 금리차라 정의하겠습니다.

아래 그림은 장단기 금리차와 선행지수순환변동치의 추이입니다. 그림에서 장단기 금리차가 좀 앞서가는 모습이 나타납니다. 실제로 2008년 1월에서 2021년 6월 통계로 분석해보면 4개월 정도

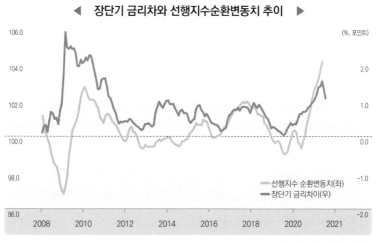

◀ 장단기 금리차와 선행지수순환변동치 추이 ▶

자료: 통계청, 금융투자협회

선행합니다. 상관계수는 0.46입니다. 여기서 제가 구체적으로 기간을 표시한 것은 분석 대상 기간에 따라 선행 기간과 상관계수가 달라지기 때문입니다. 참고로 상관계수가 1에 가까우면 두 변수가 거의 정비례 관계가 있다는 것입니다. 또한 상관계수가 0.2~0.4이면 약한 상관관계가 있다고 하고, 0.4~0.6이면 약간 강한 상관관계, 0.6 이상이면 강한 상관관계가 있다고 합니다.

통계청에서 매월 말에 지난달의 선행지수를 발표합니다. 이에 대해서 자세한 내용은 제가 쓴 『경제지표 정독법』*이라는 책을 참고하면 되겠습니다. 그러나 금리는 우리가 시장에서 매일매일 관찰할 수 있습니다. 장단기 금리차가 선행지수순환변동치에 앞서가는데, 그 앞선 금리를 우리가 빨리 얻을 수 있다는 것입니다.

* 김영익 지음, 『경제지표 정독법』, 한스미디어 (2018)

장단기 금리차가 확대되면 앞으로 선행지수순환변동치가 오르고 그다음에 경기는 더 좋아진다는 의미입니다. 반대로 장단기 금리차가 축소되면(보통 장기금리가 떨어지면서 이런 현상이 발생합니다), 앞으로 선행지수순환변동치가 하락하고 점차 경기도 나빠지게 됩니다. 장단기금차가 5월을 고점으로 9월까지 축소되고 있습니다. 앞으로 선행지수가 하락세로 돌아서고 경기도 시차를 두고 둔화할 것을 시사하고 있습니다.

앞서 장단기 금리차이가 경기에 선행하는 선행지수순환변동치에 앞서간다는 것을 실례를 들어 설명했습니다. 그렇기에 장단기 금리차로 미래의 경제성장률을 예상해볼 수 있습니다. 여기서 경제성장률의 정확한 의미는 실질 국내총생산(GDP)의 변화율입니다.

실질 GDP는 한국은행에서 분기별로 발표합니다. 이와 일치시키기 위해서 장단기 금리차도 분기 평균을 사용해야 합니다. 2008년 1분기에서 2021년 1분기 통계로 분석해보면 장단기 금리차가 경제성장률(전년동기대비)에 3분기 선행합니다. 상관계수도 0.67로 상

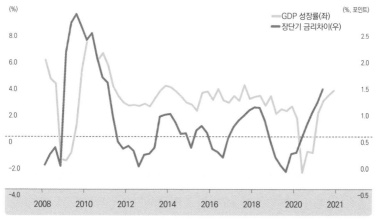

◀ 장단기 금리차와 경제성장률 ▶

자료: 한국은행, 금융투자협회

당히 높습니다. 최근 상황을 보면 2019년 3분기에 장단기 금리차가 마이너스(-) 0.18%을 저점으로 증가세로 돌아섰고, 경제성장률 역시 4분기 후인 2020년 2분기에 바닥(-2.72%)을 치고 성장세로 돌아섰습니다. 장단기 금리차가 2021년 2분기까지는 상승하고 있습니다. 특별한 외생적 일이 없다면 2022년 1분기까지는 경제성장률이 올라갈 가능성이 높다는 이야기입니다.

앞 그림에서는 장단기 금리차의 선행성을 이용하여 2021년 2분기에서 2022년 1분기까지의 경제성장률을 예측해보았습니다.

장단기 금리차이 역전은 경기침체를 예고합니다

앞서 장단기 금리차 확대에 역점을 두고 선행지수순환변동치와 경제성장률의 관계를 설명했습니다. 그런데 상황에 따라서는 장단기 금리차가 경기침체를 예고해주기도 합니다. 우선 장단기 금리차가 역전되었다는 의미는 장기금리가 단기금리보다 더 낮아졌다는 것입니다. 이 경우에는 시차를 두고 경기가 둔화하다가 침체에 빠지기도 합니다.

앞의 〈장단기 금리차와 경제성장률〉의 관계를 보여주는 그림을 보면 2019년 2분기에서 3분기까지 장단기 금리차가 역전되었습니다. 그리고 시차를 두고 2020년 2분기에서 4분기 사이에 우리 경제가 마이너스(-) 성장을 했습니다. 물론 경기침체의 직접적 원인은 코로나19였습니다. 이로 인해 소비와 생산 활동이 크게 줄었습니다. 그러나 장단기 금리차는 이미 1년 전부터 경기침체를 예고해주었습니다. 신기한 일이 아닙니까? 어떻게 금융시장은 미리 코로나19를 예상할 수 있었을까요. 실제로 코로나19를 예상한 것은 아니지만, 금융시장은 미래의 실물경제를 정확하게 예측하고 있다는 의미입니다.

이러한 장단기 금리차의 경기선행성은 미국에서도 나타났습니다. 아래 그림은 미국의 장단기 금리차(＝국채 10년물과 3개월물 수익률 차이)와 산업생산 증가율 추이입니다. 2000년 이후 미국 경제가 3번의 경기침체(그림에서 어두운 부분으로 표시되어 있습니다)를

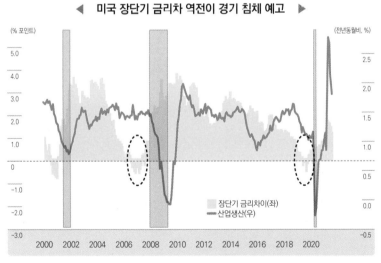

◀ 미국 장단기 금리차 역전이 경기 침체 예고 ▶

자료: 미 연방준비제도이사회, 전미경제협회

겪었습니다만, 그 이전에 똑같이 장단기 금리차가 역전되었습니다.

미국의 경기순환 역사를 보면 2009년 6월에서 2020년 2월까지 128개월 동안 미국 경제가 역사상 가장 긴 확장국면을 보였습니다. 그래서 일부 경제학자들이 미국 경제에서 경기순환은 없어졌다는 말까지 했습니다. 그러나 미국의 장단기 금리차가 2019년 6월에서 9월까지 역전되었습니다. 장기간동안 경기가 확장국면을 보였기 때문에 많은 경제전문가(보통 이코노미스트라 합니다)들이 '이번에 다르다'고 주장했습니다. 마이너스 장단기 금리차가 경기 침체를 초래하지 않을 것이라는 주장이었습니다. 그러나 2020년 1분기에 미국 경제는 침체에 빠지기 시작했고, 2분기에는 연율로 마이너스 (-) 31.4% 성장해 1930년대 대공황 이후 최악의 경기침체를 겪었습니다. 물론 한국과 마찬가지로 코로나19 영향이었습니다만, 금융시장은 장단기 금리차 역전을 통해 경기 침체를 예고해주었다는 것입니다.

여기서 제 자랑 하나만 하고 넘어가겠습니다. 저는 미국의 장단기 금리차 역전이 이번에도 다르지 않을 것이라고 확신했습니다. 그래서 중앙일보에 "〈김영익의 이코노믹스〉 '최장 125개월 확장' 미국 경제, 이제는 안전벨트 맬 때다"(2019.12.10.)라는 제목으로 미국 경제가 조만간 침체에 빠지고, 세계경제도 2008년 글로벌 금융위기보다 더 심각한 동반 침체를 겪을 것이라고 전망했습니다.

당시 미국 경제가 매우 좋은 상태였기 때문에 이런 글을 쓰기가 쉽지 않았습니다. 그러나 2020년 미국 경제는 마이너스 3.4% 성장으로 1930년대 대공황 이후 최악의 경기침체를 겪었고, 세계경제도 마이너스 3.1% 성장으로 글로벌 금융위기였던 2009년 마이너스 0.1%보다 더 심각한 침체에 빠졌습니다. 다시 한번 금리의 중요성을 강조하기 위해 이런 자랑까지 했습니다.

금리로 금융시장 안정성 판단
금리의 위험구조

앞서 장단기 금리차로 미래의 경기를 예측할 수 있다는 것을 자세히 살펴보았습니다. 여기다가 금리로 현재의 금융시장이 안정적인가 불안정적인가를 판단할 수 있습니다. 바로 금리의 '위험 프리미엄' 기능입니다.

금융시장이 불안하면 위험 프리미엄이 확대됩니다

보통 정부가 발행하는 국채는 안전자산이라 합니다. 국가가 부도 상태에 빠지지 않는 한 정부가 국채 발행에 따른 원리금을 상환해주기 때문입니다. 물론 일부 남미 국가나 그리스 같은 나라는 재정위기를 겪으면서 국가가 파산 상태에 빠지기도 했습니다. 세계에서 미국 국채는 가장 안전한 자산으로 평가받고 있습니다.

회사채는 일반 기업이 발행하는 채권으로 국채보다 안정성이 떨어집니다. 신용평가회사들은 각 기업의 회사채에 원리금 상환 능력 등 기업 사정을 고려하여 다양한 신용등급을 줍니다. 신용등급은 최상위인 'AAA'에서 'D'까지 18개 등급으로 나누어져 있습니다. 여기서 'BBB-' 이상은 투자등급, 'BB+' 이하는 투자부적격등급(투기등급)으로 구분합니다.

신용등급이 낮을수록 위험성이 높은 만큼 수익률은 높습니다. 예를 들면 2021년 11월 4일 시점, 같은 무보증 3년 회사채라 해도 신용등급이 BBB-인 회사채 수익률은 8.47%인 반면, AA-인 경우에는 2.54%로 훨씬 낮습니다.

시장에서 대표적 회사채 수익률이라 하면 보통 신용등급이 AA-이고 3년 만기 보증이 없는 회사채에 붙는 금리를 의미합니다. 그런데 같은 3년 만기인데 정부가 발행하는 국고채 수익률은 같은 날 2.04%입니다. 회사채수익률보다 0.50% 포인트 낮습니다. 이를 금리의 위험 프리미엄(혹은 신용 스프레드)이라 합니다. 국채보다는 회사채가 그만큼 원리금 상환 능력이 낮다는 의미입니다.

위험 프리미엄은 항상 같지는 않습니다. 경제나 금융시장이 불안해질 조짐이 보이거나 실제로 경제위기를 겪을 때는 위험 프리미엄이 확대됩니다. 경제에 불확실성이 높을수록 투자자들은 위험보다는 안정성을 선호하기 때문입니다.

아래 그림은 만기는 3년 같지만 회사채(AA-등급)와 국고채의 수익률 차이를 보여줍니다.

2008년 글로벌 금융위기 전후에 신용 스프레드가 크게 확대되었습니다. 위험한 시기에는 투자자금들이 국채 등 안전자산으로 몰립니다. 그래서 안전자산인 국채 가격은 오르고 국채 수익률은 떨어집니다.(채권 가격과 수익률은 역의 관계가 있다고 앞서 설명드렸습니다.) 그와는 달리 경제위기 때 원리금 상환능력이 떨어지는 회사채는 매각하거나 수요가 줄기 때문에 가격은 하락하고 수익률은

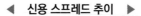

◀ **신용 스프레드 추이** ▶

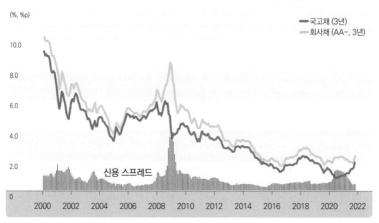

자료: 금융투자협회

상승합니다. 따라서 경제위기 때는 신용 스프레드가 크게 확대되는 것입니다.

이처럼 신용 스프레드는 경제나 금융시장의 위험을 판단하는 하나의 척도입니다. 여기서는 월평균 금리를 사용했습니다만, 금리는 시장에서 매일 관찰할 수 있습니다. 일별 신용 스프레드를 매일 그려보면 금융시장 불안 여부를 미리 알 수 있습니다.

통화와 금리의 관계

한국은행이 돈을 풀면 금리가 떨어질까요? 단기적으로 '그렇다'가 답입니다. 그러나 경제학 교과서에서는 중앙은행이 통화 공급을 늘렸을 때 단기적으로 금리가 하락하지만, 중장기적으로 원래 수준보다 더 상승한다고 되어 있습니다.

통화 공급이 늘어나면 유동성 효과로 금리가 떨어집니다

그 이유를 살펴보겠습니다. 중앙은행이 돈을 풀면 우선 그 돈이 시중은행으로 갑니다. 은행은 돈이 들어오면 대출이나 유가증권으로 운용합니다. 대출은 가계와 기업 대출로 나눠집니다.

은행은 돈에 여유가 있어 조금 더 낮은 금리로 가계나 기업에 대출해주려 합니다. 또한 은행은 중앙은행에서 받은 돈으로 주식과 채권을 삽니다. 은행은 변동성이 높은 주식보다는 채권을 더 매수합니다. 그러면 채권시장에서 채권의 수요가 늘어 채권 가격이 상승합니다. 앞서 채권 가격과 금리는 반대 방향으로 움직인다고 했는데, 은행이 채권을 사면 금리는 떨어집니다. 채권시장에서 은행이 채권을 산다는 것은 자금시장 측면에서 보면 그만큼 돈의 공급이 늘었기 때문입니다. 이처럼 중앙은행이 돈을 풀면 단기적으로 금리가 떨어집니다. 이를 유동성 효과(Liquidity effect)라 합니다.

소득효과와 피셔효과로 금리는 다시 상승합니다

금리가 떨어지면 통화정책의 파급효과에서 본 것처럼 소비와 투자가 증가합니다. 금리는 소비를 참는 데에 대한 대가로 정의했는데, 금리가 낮아지면 그만큼 소비를 참는 데에 대한 대가가 줄어들기 때문에 가계가 소비를 늘립니다. 금리가 하락하면 기업도 돈을 빌려 투자하게 됩니다. 예를 들어 어떤 투자에 대해 기대수익률이 5%라 가정하면 대출금리가 5%일 때는 기업은 돈을 빌려 투자하지 않습니다. 그러나 금리가 2%로 떨어졌다면 기업은 돈을 빌려 투자하게 됩니다. 빌린 금리보다 투자해서 낼 수 있는 수익(5%)이 더 많기 때문입니다.

소비와 투자가 늘어나면 경제가 성장합니다. 우리가 흔히 경제가 성장했다고 하면 보통 국내총생산(GDP)이 늘어났다는 의미입니다. GDP는 지출 측면에서 [민간소비 + 투자 + 정부소비 + 수출−수입]입니다. 이 식에서 볼 수 있는 것처럼 금리 하락으로 소비와 투자가 늘어나면 GDP, 즉 경제가 성장하고 개인 소득도 늘어납니다. 소득이 늘어나면 우리는 더 많은 상품을 사고 서비스를 구매하려 합니다. 이 경우 돈의 수요가 늘어납니다. 돈의 수요가 늘어나면 금리가 오르게 됩니다. 물론 돈의 공급은 일정하다는 가정하에서입니다. 그래서 유동성 효과에 의해 떨어졌던 금리가 다시 오르게 됩니다. 이를 소득효과(Income effect)라 합니다.

소비와 투자가 늘어나 경제성장률이 올라가면 물가가 올라갑니다. 경제학 교과서에서는 총수요 곡선이 우측으로 이동한다고 합니다. 물가가 올라가면 금리도 올라가게 됩니다. 금리는 소비를 참는 데에 대한 대가라고 정의했는데, 물가가 오른 만큼 보상을 받아야 우리가 저축을 하게 됩니다. 이를 피셔효과(Fisher effect)라 합니다. 보통 피셔 항등식이라 하는데, 명목금리는 실질금리와 물가상승률의 합이라는 것입니다. 따라서 물가가 올라가면 금리도 올라가는 것입니다.

통화와 금리의 관계를 다음 그림으로 요약할 수 있습니다. 중앙은행이 통화 공급을 늘리면 단기적으로 유동성 효과로 금리가 하락합니다. 그러나 시차를 두고 소득효과가 나타나 금리가 상승하기 시작합니다. 마지막에는 피셔효과로 금리가 원래 수준보다 더 오르게 됩니다. 결론적으로 중앙은행이 돈을 풀면 단기적으로 금리가 하락하나 중장기적으로 금리가 오르게 된다는 것입니다. 각 효과의 크기와 시차는 그 당시의 경제 상황에 따라 다르게 나타납니다.

◀ **통화와 금리의 관계** ▶

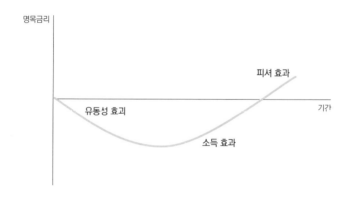

자료: 금융투자협회

예금금리와 대출금리

우리가 여윳돈이 있으면 은행 등 금융회사에 돈을 맡기게 됩니다. 그러면 금융회사는 우리에게 금리를 줍니다. 이를 예금금리라 합니다. 예금금리는 맡기는 기간에 따라 다릅니다. 일반적으로 만기가 짧으면 금리가 낮고, 만기가 길면 금리가 높습니다. 은행의 입장에서 3개월마다 금리를 주는 예금을 받는다면 그만큼 은행원의 수고가 필요하고 전산을 포함한 각종 비용이 들어갑니다. 그러나 3년 만기 예금을 받는다면 3년 동안 예금을 받을 때와 내줄 때 두 번 정도 은행원이 일을 하기 때문에 노동 시간과 비용이 훨씬 덜 들어갑니다. 또한 은행이 3개월보다는 3년 만기 예금을 받았을 때 자금을 안정적으로 운용할 수 있습니다. 그래서 만기가 길수록 예금금리는 높아지게 되는 것입니다.

반대로 개인이 집을 사기 위해서나 결혼자금을 마련하기 위해 금융회사에서 돈을 빌릴 때도 있습니다. 이때 금융회사에 지불하는 금리를 대출금리라 합니다. 대출금리는 기간보다는 대출자의 신용에 따라 크게 달라집니다.

[**가중평균금리를 보면 금리 추이를 알 수 있습니다**] 예금금리와 대출금리에 자세한 설명은 뒤로 미루고 우선 이들 금리의 전체 동향을 알아보겠습니다. 한국은행에서 매월 발표하는 '금융기관 가중평균금리'를 살펴보면 금리 추세를 볼 수

◀ **한국은행, 금융기관 가중평균금리** ▶

출처: 한국은행

있습니다. 여기서 가중평균이라는 단어가 들어있습니다. 은행마다 예금금리와 대출금리에 차이가 있고 그 금액에도 차이가 있기 때문에 금리와 금액에 가중치를 두어 한국은행이 작성하여 발표합니다.

비은행 금융기관에 여윳돈을 저축하거나 대출을 받을 수 있습니다. 비은행 금융기관에는 상호저축은행, 신용협동조합, 상호금융, 새마을금고 등이 있습니다. 우선 예금금리가 은행보다는 높습니다.

◀ **비은행금융기관의 주요 예금 및 대출 금리(신규취급액 기준)** ▶

(연%, %p)

		2019. 12	2020. 12	2021. 4	2021. 5	2021. 6p	월중 등락
예금	상호저축은행 (정기예금, 1년)	2.25	2.04	1.64	1.63	1.80	0.17
	신용협동조합 (정기예탁금,1년)	2.16	1.67	1.71	1.73	1.72	−0.01
	상호금융 (정기예탁금,1년)	1.79	1.07	1.14	1.14	1.15	0.01
	새마을금고 (정기예탁금,1년)	2.12	1.62	1.72	1.72	1.72	0.00
대출	상호저축은행 (일반대출)	9.74	9.94	9.96	10.21	9.71	−0.50
	신용협동조합 (일반대출)	4.41	3.92	3.87	3.88	3.90	0.02
	상호금융 (일반대출)	3.80	3.33	3.31	3.38	3.31	−0.07
	새마을금고 (일반대출)	4.32	3.98	3.85	3.82	3.90	0.08

주 : p는 잠정치

자료: 한국은행

2021년 6월 시점 은행의 저축성수신금리가 0.94%였는데, 새마을금고는 1.72%, 상호저축은행은 1.80%로 은행보다 높습니다. 안정성 면에서 은행보다는 떨어지지만, 5천만 원 한도 내에서는 정부가 예금을 보장해주기 때문에 비은행 금융기관에 돈을 맡기는 경우가 많습니다.

대출금리도 은행과 비은행 금융기관간에 큰 차이가 있습니다. 2021년 6월 기준으로 보면 은행의 가중평균 대출금리가 2.77%였습니다. 그러나 새마을금고 대출금리는 3.90%, 특히 상호저축은행 경우는 대출금리가 9.71%로 매우 높습니다.

가난하고 신용등급이 낮은 사람은 더 높은 금리로 돈을 빌려야 합니다. 도덕적으로 바람직하지 않지만 어쩔 수 없는 금융의 속성입니다.

[**한국은행연합회에서 예금과 대출금리를 비교해줍니다**] 앞서 예금금리와 대출금리의 전반적 추이를 살펴보았습니다. 이제 보다 구체적으로 예금을 해야 하는데 어떤 금융회사로 가고 또 어디서 대출을 받아야 할지에 대해서 우리는 의사결정을 해야 합니다. 이러한 정보를 각 금융기관을 총괄하는 협회에서 제공해줍니다. 예금은행의 경우에는 〈전국은행연합회〉(이하 은행연합회)가 있습니다. 상호저축은행의 경우에는 〈저축은행연합회〉라

◀ **전국은행연합회 소비자 포털** ▶

자료: 전국은행연합회

는 곳이 있습니다.

　우리가 은행에 돈을 맡길 때 어떤 은행, 어떤 금융 상품을 선택할지 궁금할 때가 있습니다. 전국은행연 합회 홈페이지의 첫 화면에서 〈소비자포털〉에 들어

전국은행연합회 〈소비자포털〉

가면 은행의 각종 금융상품과 은행별 예금금리를 포함하여 다양한 정보를 얻을 수 있습니다.

　다음 표는 2021년 11월 2일 시점 은행연합회에서 공시한 주요 은 행의 정기예금과 금리 비교입니다. 더 많은 정기예금 금리 상품이

◄ **주요 은행의 정기예금과 금리 비교** ►

은행	상품명	기본금리(단리이자 %)				최고우대금리(단리이자 %)			
		6 개월	12 개월	24 개월	36 개월	6 개월	12 개월	24 개월	36 개월
우리은행	WON 예금	0.50	0.55	0.58	0.60	1.00	1.10	1.16	1.20
제주 은행	사이버우대정기예금 (만기지급식-일반)	0.75	0.80	0.85	0.90	0.95	1.20	1.25	1.20
BNK 부산은행	백세청춘 실버예금	0.50	0.70	0.75	0.80	1.10	1.30	1.35	1.40
전북은행	JB주거래예금		0.70	0.75	0.80		1.30	1.35	1.40
NH 농협은행	NH농심-농부의마음 정기예금		0.85	0.90	0.95		1.25	1.30	1.35
신한은행	쏠편한 정기예금	0.75	0.85	1.00	1.10	0.95	1.10	1.25	1.35
하나은행	주거래정기예금		0.75				1.25		
DGB 대구은행	DGB주거래우대예금 (첫만남고객형)	0.47	0.81	0.83	0.85	1.12	1.46	1.48	1.50
KDB 산업은행	정기예금	0.60	0.70	0.79	0.84	0.60	0.70	0.79	0.84
SH 수협은행	사랑해나누리예금 (만기일시지급식)	0.95	1.15			1.05	1.25		
BNK 경남은행	BNK더조은정기예금	0.75	1.00	1.05		0.95	1.20	1.25	
광주은행	쏠쏠한마이쿨예금		1.30				1.30		
한국 씨티 은행	프리스타일예금	1.20	1.40	0.80	0.80	1.30	1.50	0.80	0.80
카카오 뱅크	카카오뱅크 정기예금	1.30	1.50	1.55	1.60	1.30	1.50	1.55	1.60
IBK 기업은행	IBK D-DAY통장	1.52	1.81			1.52	1.81		
케이뱅크 은행	코드K 정기예금	1.30	1.50	1.55	1.60	1.30	1.50	1.55	1.60

주: 2021년 11월 2일

자료: 전국은행연합회

은행	구분	신용등급별 금리(%)					
		1~2 등급	3~4 등급	5~6 등급	7~8 등급	9~10 등급	평균 금리
BNK경남은행	대출금리	2.81	2.79	2.91	3.69	–	2.81
BNK부산은행	대출금리	3.54	3.50	3.44	3.74	–	3.52
DGB대구은행	대출금리	3.21	3.21	3.22	3.25	3.26	3.22
IBK기업은행	대출금리	3.39	3.35	3.37	3.42	–	3.38
KB국민은행	대출금리	2.92	3.05	3.10	3.16	–	2.97
KDB산업은행	대출금리	–	–	–	–	–	–
NH농협은행	대출금리	3.15	3.29	–	–	–	3.16
SH수협은행	대출금리	2.98	3.21	3.60	–	–	3.27
광주은행	대출금리	3.59	3.61	3.58	–	–	3.59
스탠다드차타드은행	대출금리	2.99	3.03	3.11	3.27	–	3.02
신한은행	대출금리	3.34	3.43	3.52	3.78	3.45	3.37
우리은행	대출금리	2.85	2.86	2.92	3.09	4.10	2.87
전북은행	대출금리	3.10	3.04	3.39	3.13	–	3.11
제주은행	대출금리	3.22	3.22	3.38	3.50	–	3.26
카카오뱅크	대출금리	–	–	–	–	–	–
케이뱅크은행	대출금리	2.59	2.74	3.11	4.00	–	2.74
하나은행	대출금리	3.32	3.43	3.53	3.82	–	3.33
한국씨티은행	대출금리	3.05	3.09	3.24	3.46	2.84	3.08

자료: 전국은행연합회

있는데 일부만 고른 것입니다. 만기가 같아도 은행에 따라 예금금리가 약간 다르다는 것을 알 수 있습니다. 또한 은행연합회에서는 은행에서 제공하는 다양한 금융상품을 모아 공시하고 있습니다.

은행연합회에서는 주요 은행의 예금금리뿐만 아니라 대출금리도 비교해서 공시합니다. 앞의 표는 2020년 9월 주요 은행의 신용등급에 따른 주택담보대출금리입니다. 신용등급이 1~2등급이 경우에도 은행에 따라 대출금리가 2.5%에서 3.5%로 다양하다는 것을 알 수 있습니다.

* 자료: 전국은행연합회

대출금리에 대해서는 좀 더 공부할 필요가 있습니다.* 전국은행연합회에 가면 다음과 같은 질문과 답이 있습니다.

첫째, 대출금리가 어떻게 결정되는 건가요?

각 은행은 자금조달금리에 각종 원가요소와 마진 등을 반영하여 대출금리를 자율적으로 산정하고 있습니다. 은행은 돈을 빌려준 후의 대출금리는 대출 기준금리의 변동과 거래실적(부수거래 감면금리) 등을 반영하여 변경됩니다. 이때 향후 발생할 대출금리 변동 적용 기준을 명확하게 표시하기 위해 대출약정서 등에는 일반적으로 '잔액기준 COFIX+1.3%', 'CD 금리+1.7%' 등과 같이 대출 기준금리와 가산금리의 합으로 대출금리가 표시되고 있습니다.

각 용어를 좀 더 설명할 필요가 있습니다.

자금조달금리란 은행이 필요한 자금을 시장에서 신규로 조달할 때 지불해야 하는 금리(시장금리)를 의미하며, 대표적으로 금융기관이 발행하는 만기별 금융채 금리 등을 예로 들 수 있습니다.

대출 기준금리란 변동금리대출의 대출금리 변동 시 기준이 되는 금리 등을 의미하며, 은행은 COFIX, 금융채·CD 금리 등 공표되는 금리를 대출 기준금리로 사용하고 있습니다. 은행의 대표적인 대출 기준금리는 다음과 같습니다.

COFIX | 은행연합회가 국내 주요 8개 은행들의 자금조달 관련 정보를 기초로 산출하는 자금조달비용지수로서 '신규취급액기준 COFIX' '잔액기준 COFIX' '신잔액기준 COFIX' '단기 COFIX'로 구분 공시됨(세부내용은 은행연합회 소비자포털 홈페이지 COFIX 개요 참조)

다음은 은행연합회가 공시한 COFIX입니다.

CD 금리 ｜ 금융투자협회가 발표하는 양도성 예금증서(CD, Certificate of Deposit)의 유통수익률로서 3개월 CD 금리가 대표적인 단기 기준금리임

금융채 금리 ｜ 금융기관이 발행하는 무담보 채권의 유통금리로서 민간 신용평가기관이 신용등급별, 만기별로 발표

다음 그림은 은행이 대출금리를 결정할 때 기준금리로 사용하는 주요 금리의 추이를 보여줍니다.

자료: 한국은행연합회

가산금리는 대출 기준금리와 더불어 대출금리를 구성하는 리스크프리미엄, 유동성프리미엄, 신용프리미엄, 자본비용, 업무원가, 법적비용, 목표이익률, 가감조정 전결금리 등을 의미합니다. 가산금리를 구성하는 주요 항목은 다음과 같습니다.

리스크프리미엄 ┃ 자금조달금리와 대출 기준금리 간 차이 등

유동성프리미엄 ┃ 자금재조달의 불확실성에 따른 유동성리스크 관리비용 등

신용프리미엄 ┃ 고객의 신용등급, 담보 종류 등에 따른 평균 예상 손실비용 등

자본비용 ┃ 예상치 못한 손실에 대비하여 보유해야 하는 필요자본의 기회비용 등

업무원가 ┃ 대출취급에 따른 은행 인건비·전산처리비용 등

법적비용 ｜ 보증기관 출연료와 교육세 등 각종 세금

목표이익률 ｜ 은행이 부과하는 마진율

가감조정 전결금리 ｜ 부수거래 감면금리, 은행 본부/영업점장 전결 조정 금리 등

은행의 대출금리 결정 과정과 내용을 설명드렸습니다만, 아래 그림과 같이 요약할 수 있습니다.

◀ **은행의 대출금리 결정 과정** ▶

① 대출 기준 금리	+ ② 가산금리										= ③ 최종 금리
	리스크 프리미엄	유동성 프리미엄	신용 프리미엄	자본 비용	업무 원가	법정 비용	목표 이익률	부수 거래 감면	본부 조정	영업점장 전결 조정	
자금조달금리	+ 리스크관리비용 등 원가						+ 마진	+ − 가감조정 전결금리			= 최종 금리

자료: 한국은행연합회

[**둘째, 대출금리의 종류는 어떤 것들이 있나요?**] 대출금리 종류는 크게 고정금리 방식, 변동금리 방식, 혼합금리 방식의 세 가지가 있습니다. 고정금리로 대출받으면 처음 약속한 금리를 만기까지 동일하게 내야 합니다. 변동금리는 일정 주기(보통 3, 6, 12개월)마다 기준금리의 변동에 따라 금리가 변동하는 대

출 형식입니다. 혼합금리는 고정금리 방식과 변동금리 방식이 결합된 것으로, 일정 기간 고정금리로 유지하다가 변동금리로 바꾸는 형태입니다. 금리가 상승기라면 고정금리도 대출받는 것이 유리하나, 금리 하락기라면 변동금리 대출 때 이자 부담이 줄어듭니다. 혼합금리는 금융소비자의 자금 계획에 맞춰 운용 가능하기 때문에 이 형태가 선호될 수 있습니다.

◀ **대출금리의 종류** ▶

종류	특징	장점	단점
고정금리	대출 실행시 결정된 금리가 대출 만기까지 동일하게 유지	시장금리 상승기에 금리 인상이 없음. 대출기간 중 월이자액이 균일하여 상환계획 수립 용이	시장금리 하락기에 금리 인하 효과가 없어 변동금리보다 불리. 통상 대출 시점에는 변동금리보다 금리가 높음
변동금리	일정 주기(3/6/12개월 등)마다 대출 기준금리의 변동에 따라 대출금리 변동	시장금리 하락기에는 이자 부담 경감 가능. 통상 대출 시점에는 고정금리 방식보다 금리가 낮음	시장금리 상승시 이자 부담이 증가될 수 있음
혼합금리	고정금리 방식과 변동금리 방식이 결합된 형태(통상 일정기간 고정금리 적용 후 변동금리 적용)	금융소비자의 자금계획에 맞춰 운용 가능	

자료: 전국은행연합회

셋째, 한국은행의 기준금리가
인상(인하)되었는데, 왜 신규 대출금리는
곧바로 인상(인하)되지 않나요?

대출금리는 대출 기준 금리와 가산금리의 합입니다. 따라서 한국은행의 기준금리 조정이 대출 기준금리에 영향을 미칠 경우, 대출금리가 변동하게 됩니다. 한국은행의 기준금리는 책의 서두에 자세히 설명드렸습니다.

한국은행 기준금리의 조정이 대출 기준금리에 미치는 영향은 대출 기준금리별로 차이가 있습니다. 한국은행 기준금리는 한국은행의 단기(7일물) 환매조건부증권 매매 등에 사용되어 직접적으로 단기금융시장에 영향을 미칩니다. 따라서 한국은행 기준금리 조정과 단기 시장금리(CD 금리 등) 변동 간의 연관성은 상대적으로 크다고 할 수 있습니다.

그러나 중장기 시장금리(금융채 3년물, 5년물 금리 등)의 경우 채권시장에서의 수급, 경기동향, 향후 물가전망 등 다양한 외적 요인의 영향을 받기 때문에 한국은행 기준금리 조정과의 연관성은 단기 시장금리의 경우보다 상대적으로 낮습니다. 즉, 한국은행 기준금리가 인하(인상)되었더라도 채권시장에서의 수급 등 다른 외적 요인으로 인해 대출 기준금리는 인상(인하)될 수도 있는 것입니다.

또한 한국은행 기준금리 조정이 대출 기준금리의 변동에 반영되는 시차에도 차이가 있습니다. 일 단위로 고시되는 CD 금리 또는 금융채 금리 등에는 한국은행 기준금리 변동이 비교적 신속히 반영되나, 월 단위로 고시되는 신규취급액기준, 잔액기준, 신 잔액기준 COFIX(통상 매월 15일 고시) 등에는 한국은행 기준금리 변동이 반영되는데 한 달 이상의 기간이 소요될 수 있습니다. 그뿐만 아니라, 잔액기준 및 신 잔액기준 COFIX의 경우 시장금리에 비해 변동성이 낮은 특성이 있어 한국은행 기준금리가 변동하더라도 이 효과가 충분히 반영되는 데는 더욱 긴 시간이 소요될 수도 있습니다. 따라서 한국은행 기준금리 변경이 대출금리에 즉각 반영되지는 않습니다.

넷째, 승진을 했는데 대출금리 인하가 가능한가요?

대출자는 본인의 신용상태가 개선되었다고 판단되는 경우(예: 취업, 승진, 재산증가, 신용평가등급 상승 등), 증빙자료를 첨부한 금리인하(대출조건변경) 신청서 등을 제출하여 은행에 금리인하를 요구할 수 있습니다. 물론 세부적인 인하 여부, 규모 등은 은행별 CSS(개인신용평가시스템) 평가결과 및 상품특성, 은행의 내부정책 등에 따라 달라질 수 있습니다.

금리와 주가의 관계

경제학 교과서나 증권투자론 등에서 보면 금리가 떨어지면 주가는 오른다고 되어 있습니다. 그 이유는 다음과 같은 주가의 결정식에서 알 수 있습니다.

> 주가 = 배당금/(1 + 금리-기업이익증가율)

주가는 우선 배당금이 늘어나면 오릅니다. 기업은 이익을 내면 그 주식을 보유하고 있는 주주에게 이익의 일부를 배당으로 돌려줍니다. 여기서 배당성향이라는 용어도 같이 알고 가면 좋습니다. 배당성향은 기업의 순이익 가운데 배당금이 차지하는 비중입니다. 예를 들어 어떤 기업이 1년에 100억 원의 순이익을 내, 30억 원을 주주에게 배당금으로 지불했다면 배당성향이 30%가 되는 것입니다. 〈저금리 시대 살아가기〉 파트에서 우리가 금융자산의 일부분을 왜 주식에 투자해야 하는지 이유를 제시하겠습니다.

또한 기업의 이익이 많아지면 주가 결정식에서 보는 것처럼 분모가 작아지기 때문에 주가가 오릅니다. 기업 이익이 증가하면 주주에게 줄 수 있는 배당 여력도 증가하기 때문입니다.

금리가 하락하면 주가는 오릅니다
그러나 주가를 결정하는 가장 중요한 요인은 아무래도 금리라 할 수 있습니다. 앞의 주가 결정식에서 보는 것처럼 배당금이나 기업이익증가율이 일정하다고 가정하면 금리가 떨어지면 주가는 오릅니다. 직접적으로 금리가 낮아지면 투자자는 그 금리보다 기대수익률이 더 높은 다른 자산을 찾게 됩니다. 그 중 하나가 주식입니다. 주식의 배당수익률이 금리보다 더 높다면 일부 투자자금이 주식시장으로 몰려들면서 주식 수요가 늘어나고 주가가 오르는 것입니다.

금리는 간접적으로도 주가 상승 요인으로 작용합니다. 통화정책의 파급효과에서 보았던 것처럼 금리가 떨어지면 가계가 소비를 늘립니다. 기업도 투자와 고용을 확대합니다. 그러면 가계 소득이 늘어나 기업이 생산하는 상품을 더 많이 구입하게 됩니다. 이 시기에 는 기업이익이 늘어나고, 이는 다시 주가 상승 요인으로 작용하는 것입니다.

아래 그림은 우리나라 금리와 주가의 관계를 보여줍니다. 여기서 금리는 현재 시장금리를 대표하는 3년 만기 국고채 수익률을 사용 하였습니다. 2000년 1월에서 2021년 10월까지의 데이터로 분석해 보면 금리와 주가(KOSPI) 사이에는 상관계수가 -0.77로 나타났습 니다. 상관관계가 마이너스라는 것은 두 변수가 다른 방향으로 움 직였다는 것을 의미합니다. 또한 상관계수 절대값이 0.6보다 크면 보통 강한 상관관계가 있다고 말합니다. 주가와 금리의 상관계수가

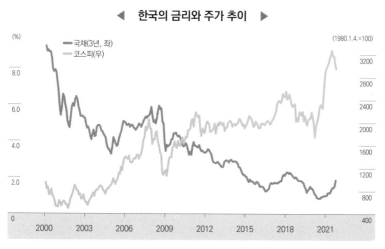

◀ **한국의 금리와 주가 추이** ▶

자료: 한국거래소, 금융투자협회

마이너스이고 그 절대값이 0.8정도이기 때문에 금리와 주가는 역의 관계가 강하다고 말할 수 있습니다. 즉, 금리가 떨어지면(오르면), 주가는 상승(하락)했다는 것입니다. 참고로 통계 분석을 할 때 꼭 기간을 이야기하는 것은 기간에 따라 통계분석 결과가 다소 달라지기 때문입니다.

일본의 경우는 금리와 주가가 같은 방향으로 움직이고 있습니다.

앞서 금리와 주가가 반대 방향으로 움직인다는 것을 이론적으로, 그리고 우리나라 실제 데이터로 보았습니다. 그런데 아래 그림에서 보는 것처럼 일본에서는 전혀 다른 모습이 나타났습니다. 금리와 주가가 같은 방향으로 움직였다는 것입니다. 실제로 금리(10년

◀ **일본의 금리와 주가 추이** ▶

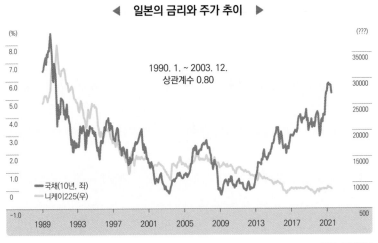

1990. 1. ~ 2003. 12.
상관계수 0.80

국채(10년, 좌)
니케이225(우)

자료: 블룸버그

국채수익률)와 대표적 주가지수인 니케이225 사이에 상관계수가 0.80(1990년 1월~2003년 12월) 나타났습니다.

일본 증권시장에서 이론과 전혀 다른 결과가 나왔을까요? 앞의 주가 결정식에서 그 답을 찾을 수 있습니다. 이 식에서 금리가 떨어진 것보다 기업이익증가률이 더 낮아지면 분모가 오히려 더 커집니다. 그러면 금리가 떨어져도 주가가 하락할 수 있는 것입니다.

1990년대 접어들면서 일본의 주식 등 자산 가격의 거품이 붕괴되고 일본 경제가 소비 중심으로 장기 침체에 빠지게 됩니다. 이 시기에 금리보다도 경제성장률(기업이익률)이 더 낮아져 금리 하락에도 불구하고 주가가 떨어진 것입니다. 그래서 일본에서는 '금리가 올라야 주가도 오른다'는 이론과는 전혀 다른 말이 유행하기도 했습니다.

2016년 이후에는 우리나라 금리와 주가 사이에도 비슷한 모습이 나타나고 있습니다. 주식투자할 때 금리보다는 경제성장률이나 기업이익을 더 살펴야 하는 이유입니다.

> **금리가 떨어진다고
> 집값이 반드시 오르는
> 것은 아닙니다**

일반적으로 금리가 떨어지면 집값도 오릅니다. 금리가 낮으면 돈을 빌려 집을 구입했어도 그만큼 내야 할 이자 부담이 줄어들기 때문입니다. 그러나 다음 그림을 보면 우리나라의 금리와 집값 상승률이 오히려 같은 방향으로 움직이고 있습니다. 여기서 금리는 가계가 주택을 담보로 하고 빌리는 금리이고, 주택가격은 KB국민은행에서 매월 발표하는 전국 주택가격의 전년동기비 상승률입니다.

2010년 1월에서 2021년 10월 사이의 통계로 분석해보면 금리와 집값 상승률 상관계수가 플러스(+) 0.50으로 나타나고 있습니다. 집값을 결정하는 요인이 금리만이 아니라는 뜻을 담고 있습니다. 집값을 결정하는 더 중요한 요인은 경기와 대출 등입니다. 경기가 좋아야 가계 소득이 늘어나고 집을 살 수 있는 것입니다. 또한 은행 등 금융회사의 주택 관련 대출이 늘어날 때 집값도 상승했습니다.

나중에 〈저금리 시대 살아가기〉에서 말씀드리겠습니다만, 저금

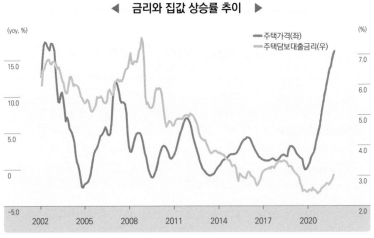

◀ **금리와 집값 상승률 추이** ▶

자료: 한국은행, KB국민은행

리란 저성장을 의미합니다. 금리가 낮으면 낮을수록 앞으로 경제성장률이 더 떨어지고 국민경제의 고용창출 능력도 저하됩니다. 그러면 집을 살 수 있는 가계 소득도 줄어들게 됩니다.

[**집값을 결정하는 요인은 금리보다는 경기입니다**] 한국은행은 2021년 8월 기준금리를 인상했습니다. 금리를 올린 이유를 '물가 안정과 금융안정'이라는 통화정책 목표에서 찾을 수 있습니다. 한국은행은 소비자물가상승률 기준으로 2%를 목표로 내세웠습니다. 2021년 4월부터 물가상승률이 2%를 넘어섰고, 연간으로도 목표치를 웃돌 전망입니다. 부채 특히 가계부채가 급증하고 집값 등 자산 가격은 내재가치를 넘어서 금융불균형이 심화했습니다.

한국은행이 금리를 더 올릴까요? 제가 앞서 소개한 '테일러준칙'을 응용해보면 2021년 3분기 국내총생산(GDP)과 물가상승률을 고려하여 적정 금리를 추정해보면 2.5% 정도입니다. 0.75%의 기준금리는 아직도 낮고, 한국은행이 금리를 더 인상할 수도 있다는 의미입니다.

금리 인상이 금융불균형 해소, 특히 집값을 잡을 수 있을까요? 집값을 결정하는 요인을 보면 그 답을 찾을 수 있습니다. 아파트 가격 중심으로 집값 결정 요인을 분석해보면, 자체의 순환이 가장 중요합니다. 즉, 아파트 가격이 한번 오르기 시작하면 상당 기간 추세를 형성하며 상승한다는 것입니다. 필자의 모형(백터자기회귀모델)에 따르면 6개월 후까지는 아파트 가격 자체가 가격 변동의 90% 정도를 설명했습니다.

이 외 아파트 가격에 영향을 주는 요인은 주가, 대출금리, 대출금액, 경기 등입니다. 주가가 오르면 가계의 부가 늘기 때문에 시차를 두고 아파트 가격도 상승합니다. 코스피가 1년 후 아파트 가격 변동을 7% 정도 설명해주었습니다. 가계 대출금액이 늘거나 금리가 낮아지면 아파트 가격은 상승합니다. 그러나 금리의 아파트 가격 설명력은 6개월 후 4%, 1년 후 5%로 높지 않았습니다.

그렇다면 아파트 가격 변동을 설명하는 가장 중요한 요인은 무엇일까요? 바로 경기입니다. 현재의 경기상황을 나타내는 대표적 지표가 통계청의 동행지수순환변동치입니다. 이 지표가 1년 후 아파트 가격 변동의 14%를 설명해주었고, 2년 후에는 설명력이 거의 절반에 가까운 47%에 이르렀습니다. 경기가 좋아야 가계소득이 늘어 집을 사고, 빌린 돈과 이자를 갚을 수 있다는 의미를 담고 있습니다.

동행지수순환변동치가 2020년 5월에 저점을 기록한 후, 2021년 7월까지 상승세를 이어오고 있습니다. 경기가 회복되고 있다는 이야기입니다. 문제는 경기 회복세가 언제까지 지속할 수 있는가에 있습니다. 통계청의 선행지수순환변동치를 보면 그 답을 찾을 수 있습니다. 과거 통계를 보면 선행지수 정점이 경기 정점에 비해서 1~8개월 선행했기 때문입니다. 그런데 2019년 9월부터 2021년 6월까지 상승했던 선행지수순환변동치가 7월에는 하락했습니다. 선행지수를 구성하는 7개 지표 가운데 기계류내수출하지수 등 5개가 감소한 결과였습니다.

나머지 두 개 구성지표인 코스피도 2021년 7월 이후 떨어졌고 장단기금리차도 축소되고 있는 것을 고려하면, 이번 실제로 선행지수순환변동치는 9월까지 3개월 연속 하락했습니다. 경기 순환국면에서 선행지수가 6월에 정점이었을 확률이 높습니다. 실제로 선행지수순환변동치 9월까지 3개월 연속 하락했습니다. 머지않아 현재의 경기 상태를 알려주는 동행지수순환변동치가 떨어질 전망입니다. 이 지표가 아파트 가격을 결정하는 가장 중요한 요인이었습니다.

역사를 보면 자산 가격은 연착륙보다는 경착륙하는 경우가 더 많았습니다. 오를 때는 시장가격이 내재가치를 과대평가하고 떨어질 때는 과소평가했습니다. 2010년 전후 '역전세'라는 단어가 유행했을 때가 집값 경착륙의 대표적 예입니다. 자산 가격은 순환합니다. 금리가 아니라 경기가 그 전환점을 만들어주었습니다. 경기순환에 관심을 더 가져야 합니다.

금리 전망

2021년 들어 금리를 결정하는 경제성장률과 물가상승률이 높아지면서 금리도 오르고 있습니다. 그러나 우리 금리는 소폭 상승에 그칠 것입니다. 금리를 결정하는 세 가지 요인을 고려할 때 장기적으로 저금리 추세는 지속할 전망입니다.

첫째, 금리를 결정하는 가장 중요한 요인은 경제성장률과 물가상승률입니다. 우리가 시장에서 관찰하는 금리는 명목금리인데, 이는 실질금리와 물가상승률의 합으로 표시됩니다. 실질금리는 사전적으로 추정하기 어렵기 때문에 보통 실질 경제성장률을 실질금리의 대용변수로 사용합니다.

그런데 한국의 실질 경제성장률이 지속적으로 하락하고 있습니다. 잠재성장률이 떨어지고 있다는 것입니다. 수요 측면에서 잠재성장률은 인플레이션을 유발하지 않고 성장할 수 있는 능력입니다. 생산 측면에서는 노동, 자본, 생산성을 고려했을 때 생산할 수 있는 능력을 잠재성장률이라 합니다. 2020년 잠재성장률은 2% 정도였던 것으로 추정됩니다. 문제는 앞으로 더 떨어질 가능성이 높다는 데 있습니다.

이미 생산가능 인구로 분류되는 15~64세 인구가 감소세로 접어들었습니다. 2020년부터는 전체 인구 자체도 줄어들기 시작했습니다. 한국 기업들이 상당한 자본을 축적했기 때문에 과거처럼 투자를 많이 하지 않을 것입니다. 이제 잠재성장률이 올라가려면 총요소생산성이 향상되어야 합니다. 좁게는 노사화합, 넓게는 사회적 대타협을 통해 생산성을 높여야 합니다. 그러나 이 역시 하루아침에 일어나는 일은 아닙니다. 이런 요인을 고려하면 조만간 한국의 잠재성장률이 1%대로 접어들 가능성이 높습니다. 실제로 한국금융연구원(2021. 7.)이 우리나라 잠재성장률을 추정했는데, 중립적인 경우 2021년부터 잠재성장률이 1%대로 접어들 것으로 예상했습니다.

금리를 결정하는 또 다른 요인인 물가상승률도 매우 낮은 수준을 유지하고 있습니다. 경제의 총체적 물가 수준을 나타내는 GDP 디

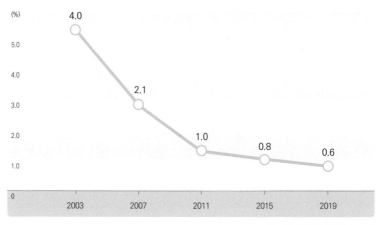

◀ **한국의 잠재성장률 전망** ▶

(%)

4.0

2.1

1.0

0.8

0.6

2003　　2007　　2011　　2015　　2019

자료: 한국금융연구원(2021. 7.)

플레이터가 2019년 0.8% 하락하면서 한국경제가 디플레이션에 빠지지 않을까 하는 우려도 있었습니다. 2020년에는 0.9% 상승했지만 여전히 낮은 수준입니다. 소비자물가상승률도 2019년과 2020년에 각각 0.4%, 0.5%씩 오르는 데 그쳤습니다. 한국은행은 통화정책 목적을 물가안정과 금융안정에 두고 있는데, 물가안정 측면에서 소비자물가상승률은 2.0%로 설정했습니다. 실제 물가상승률이 목표치를 훨씬 밑돌았던 것입니다.

2021년 들어서는 물가상승률이 높아지고 있습니다. 특히 10월에는 소비자물가상승률이 전년 동월비 3.2% 상승해, 2012년 1월 이후 최고치를 기록했습니다. 2020년 5월을 저점으로 경기가 회복국면에 접어들었고, 국제유가 등 원자재 가격이 급등했기 때문이었습니다. 여기다가 2020년 5월 코로나19 영향으로 물가상승률이 마이너스(-) 0.3%이었던 것에 따른 기저효과도 작용했습니다.

그러나 1~10월 평균 물가상승률은 2.2%로 통화정책 목표치(2%)를 다소 넘어섰습니다. 하지만 우리 경제에 인플레이션이 지속될 가능성은 낮습니다. 우선 높은 가계 부채에 따른 소비 위축으로 수요가 공급 능력에 미치지 못할 것입니다. 대외 측면에서는 달러 가치 하락에 따른 원화 가치 상승으로 수입 물가가 안정될 전망입니다. 이에 대해서는 〈제2부 환율, 알고 갑시다〉에서 자세히 살펴보겠습니다.

저축이 투자보다 높아 자금이 남아돌고 있습니다

둘째, 돈이 남아돌면서 금리는 낮은 수준을 유지할 전망입니다. 한 나라 경제에서 돈의 수요와 공급은 투자와 저축에 의해 결정됩니다. 1997년 외환위기 전에는 한국의 국내 투자율이 총 저축률을 웃돌았습니다. 예를 들면 1990~1997년 투자율이 연평균 38.9%로 저축률(37.8%)을 넘어섰습니다. 그만큼 돈이 부족했기 때문에 금리가 높은 수준을 유지할 수밖에 없었던 것입니다.

그러나 1998년 이후 기업의 투자가 상대적으로 줄어들면서 상황이 역전되었습니다. 1998~2020년 저축률이 연평균 34.8%로 투자율(31.6%)를 훨씬 넘어섰습니다. 돈이 남아도는 경제로 바뀐 것입

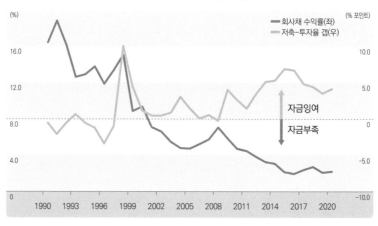

1997년 외환위기 이후 자금잉여 상태 지속

(%)   (% 포인트)

— 회사채 수익률(좌)
— 저축-투자율 갭(우)

자금잉여

자금부족

자료: 한국은행

니다. 한국은행의 자금순환에 따르면 2021년 6월 말 금융업을 제외한 기업들이 가지고 있는 현금성 자산이 848조 원이었습니다. 일부 은행 지점장들이 기업을 찾아 '우리 은행 돈 좀 써달라'고 고개를 숙인다는 우스갯소리가 나올 정도입니다.

> **은행이 채권을 사면서 금리가 하락할 전망입니다**

셋째, 은행이 채권을 사면서 금리가 더 하락할 가능성이 높습니다. 은행은 돈이 들어오면 대출이나 유가증권으로 운용합니다. 대출은 가계와 기업 대출로 나뉘고 유가증권은 크게 주식과 채권으로 구성됩니다. 가계는 자금잉여 주체입니다. 은행을 포함한 금융회사에 저축한 돈이 빌려 쓴 돈보다 많다는 의미입니다. 예를 들면 2020년에 우리 가계(비영리단체 포함)의 자금잉여가 192조 원으로 사상 최고치를 기록했습니다.

기업은 금융회사나 금융시장에서 돈을 빌려 투자하는 자금부족 주체입니다. 그런데 그 부족 규모가 상대적으로 줄어드는 추세입니다. 역시 구체적 수치로 설명해보면, GDP대비 기업의 자금 부족 규모가 2009년 1분기에 9.1%(4분기 이동평균)였으나, 2021년 2분기에는 3.7%로 축소되었습니다.

가계의 자금잉여가 늘고 기업의 자금 수요가 상대적으로 줄어들면 은행은 남은 돈을 유가증권 운용에 사용할 수밖에 없습니다. 은

◀ 은행자산 중 채권비중 증가 추세 ▶

채권보유잔액(좌)
채권/자산비중(우)

자료: 한국은행

행은 유가증권 중에서 리스크가 높은 주식보다는 채권을 사게 됩니다. 실제로 은행자산 중 채권 비중이 2015년 1분기 12.0%에서 2020년 1분기에는 15.1%로 증가했습니다. 2022년 2분기 이후에는 코로나19로 기업의 자금 수요(대출)가 증가하면서 2021년 1분기에는 14.5%로 낮아졌습니다만, 은행의 자산 중 채권 비중 증가 추세는 앞으로도 더 지속될 가능성이 높습니다. 제가 아는 한 금융그룹 회장은 "과거에는 은행의 경쟁력이 대출에 있었으나, 이제는 자기자본이나 고객의 금융자산 운용이 은행의 경쟁력을 결정할 것"이라고 말했습니다.

우리보다 먼저 일본에서 이런 상황이 발생했습니다. 일본 기업들

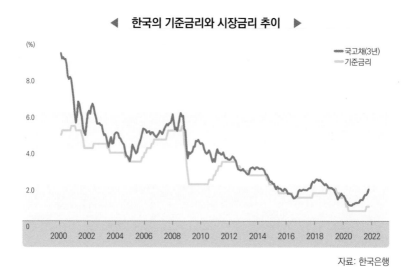

◀ 한국의 기준금리와 시장금리 추이 ▶

자료: 한국은행

이 1998년부터 자금잉여 주체로 전환했습니다. 기업들이 은행에 빌려 쓴 돈보다 더 많이 저축했다는 의미입니다. 그래서 일본 은행은 채권을 살 수밖에 없었습니다. 1990년 일본 은행의 자산 가운데 채권 비중이 10%였으나, 2011년에는 34%까지 급등했습니다. 은행의 채권 매수가 금리를 0%로 떨어뜨리는 데 크게 기여했던 것입니다.

넷째, 구축효과(crowding-out effect)도 나타나지 않을 전망입니다. 이는 정부가 재정적자를 보전하기 위해서 국채를 발행하면 시장금리가 상승하고 결국에는 소비와 투자 등 민간 부문이 위축된다는 것입니다. 2020년 말 일본의 정부 부채가 GDP의 238%일 정도로 부채가 많고 이를 국채 발행을 통해서 메꿨습니다. 그러나 일본 금리가 여전히 0%를 유지하고 있습니다. 정부가 발행한 국채를 대부분 은행이 사주었기 때문입니다.

한국 정부도 경기 부양과 소득 분배를 위해 재정 지출을 늘리고, 그 재원을 조달하기 위해 국채를 발행할 것입니다. 그러나 일본의 경우처럼 기업의 자금 수요가 축소되면서 은행이 여유 자금으로 그 국채 대부분을 사줄 것입니다. 이런 측면을 고려하면 한국경제에서도 구축효과가 나타나지 않을 가능성이 높습니다. 정부가 국채를 발행해도 금리가 오르지 않을 것이라는 이야기입니다.

저금리 시대 살아가기

우리 경제가 구조적으로 저성장과 저금리 시대에 접어들었다는 것은 부인할 수 없는 사실입니다. 이런 저금리 시대에 어떻게 대응해야 할까요?

저금리 시대, 근로소득이 중요합니다

첫째, 저금리 시대에 일하면서 근로소득을 얻는 것이 매우 중요합니다. 은행에 1억 원을 맡겨놓았다고 가정해봅니다. 2021년 7월 시점 은행의 1년 만기 저축성 예금리가 0.9%입니다. 1억 원에 대한 이자소득이 90만 원, 월간으로 따지면 1십만 원도 되지 않습니다. 그런데 어떤 일을 해서 한 달에 1십만 원의 근로소득을 얻었다면, 금융자산 1억 원을 가지고 있는 것과 같은 현금 흐름입니다.

저는 1958년생입니다. 이른바 '58년 개띠'입니다. 제 선배들뿐만 아니라 동료들도 대부분 은퇴했습니다. 은퇴한 분들이 공통적으로 하는 이야기입니다. "은퇴 후 적당한 용돈과 나갈 사무실이 있어야 한다."

제 선배 변호사 이야기입니다. 그는 돈 관리를 부인에게 다 맡겼다고 했습니다. 그런데 은퇴한 분들의 이야기를 듣고 그날 저녁 부인에게 "우리 돈 얼마나 있느냐?"고 물었는데 부인의 대답은 "왜 남의 돈을 물어봐?"였다는 것입니다. 물론 농담이었겠지요. 또 다른 날은 티비를 켰더니 〈동물의 왕국〉이라는 한 방송국 프로그램에서 수사자 이야기를 하고 있더라는 것입니다. 수사자가 그 역할을 할 때는 멋있었는데, 그 역할이 끝나니 굶어죽더라는 것입니다.

그리고 얼마 전 차를 타고 가다가 한 라디오 방송을 들었습니다. 한 주부의 이야기입니다. "남편이 은퇴하면 정말 잘해야 하겠다고 굳건하게 마음먹었다. 그런데 3개월 지나니 짜증이 나기 시작하더라. 이 남편이 왜 집에만 있지? 남편이 양치질을 하고 칫솔을 세면대에 두드리는 습관이 있는데, 회사 다닐 때는 들어줄만 했는데 지금은 듣기 힘들다."

허참이라는 연예인이 티비 방송에서 〈아내는 지금〉이라는 노래를 불렀는데 노래 가사가 이렇습니다. "오늘도 아내는 외출을 한다 / 어디 가냐 물어볼 수도 없다 / 눈치라도 줄까 봐 짜증낼까 두려워 / 오늘도 아내는 늦는다며 / 저녁은 알아서 하라네요."

제가 극단적 사례 몇 개를 들었습니다만, 은퇴 후 '적당한 용돈과 나갈 사무실'을 강조하기 위해서였습니다. 그러려면 '직(織)'보다는 '업(業)'을 가져야 합니다. 회사에서 대리, 과장, 부장, 사장… 오래 가는 것은 아닙니다. 그 직을 떠나서 다만 몇십만 원의 근로소득을 갖는 것이 중요합니다. 직에 있을 때, 그 업을 하나 마련해놓으면 좋습니다.

| 저금리 시대, 주식투자도 해야 합니다 | 둘째, 저금리 시대에 금융자산의 일부를 주식에 투자하는 것도 바람직스럽습니다. 앞서 '72법칙'을 소개했습니다. 복리로 예금했을 때 원금이 |

2배 되는 기간을 계산하는 식이었습니다. 제가 20대일 때 금리가 30%였었던 적도 있었고, 30대 때도 15% 정도였습니다. 금리가 15%이면 복리로 예금했을 때 5년 정도 지나면 원금이 2배 이상으로 불어납니다. 그런데 2021년 7월 은행 예금금리는 1% 이하입니다. 복리로 예금해도 72년이 넘어야 원금이 2배 되는 시대입니다.

그래서 우리가 가지고 있는 금융자산을 은행예금 외에 다양한 금융자산에 나눠 투자할 수밖에 없습니다. 그 가운데 하나가 주식입니다. 한국은행 자금순환계정에 따르면 2021년 6월 우리 가계(비영리단체 포함)가 가지고 있는 금융자산이 4,784조 원입니다. 이 중 43%인 2,046조 원은 현금을 포함한 은행에 맡기고 있고, 보험에 1,430조 원(30%)조 원을 넣어두고 있습니다. 그리고 주식(펀드 포함)에 24%인 1,143조 원을 투자하고 있습니다.

가계의 금융자산 배분은 국가에 따라 큰 차이가 있습니다. 일본 가계는 은행금리가 거의 0%인데도 가계 금융자산의 54%(2021년 2분기 기준)를 은행예금 형태로 보유하고 있습니다. 그 이유를 우선 디플레이션에서 찾을 수 있습니다. 예를 들어 소비자물가 상승률이 마이너스(-) 2%라면 은행예금으로 0% 금리를 받더라도 실질금리는 플러스(+) 2%입니다. 디플레이션 때는 금융자산의 실질 가치가 올라가는 것입니다. 다음으로 인구 고령화 때문에 일본 가계가 은행예금을 선호할 수 있습니다. 일본인의 평균 상속 연령이 67세 정도라 합니다. 그 나이에 상속받아서 리스크가 있는 주식이나 채권을 투자하기보다는 그냥 은행에 맡겨두었다고 쓰고 남은 돈은 또 상속한다는 것입니다.

미국 가계는 일본과는 전혀 다릅니다. 그들은 은행예금을 13%만 보유하고 있고, 무려 주식에 53%나 투자하고 있습니다. 물론 이 수치는 2021년 6월 기준입니다만, 2000년 이후 평균도 43%로 매우 높습니다. (참고로 미국 가계 자산 중 주식 비중이 50%에 근접하면 미

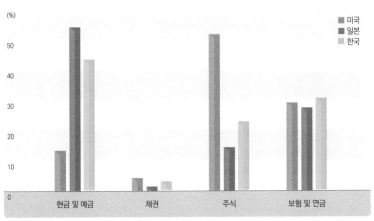

◀ 한미일 가계의 금융자산 배분 비교 ▶

(%)

■ 미국
■ 일본
■ 한국

주: 2021년 3월 말 기준　　　　　　　　　　　　　　　　자료: 각국 중앙은행

국 주가가 상당 기간 떨어졌습니다. 주식 비중이 높다는 것은 그만큼 미국 가계가 주식을 많이 샀고 주가가 많이 올랐기 때문입니다.)

　우리나라 가계 금융자산 중 주식 비중이 24%로 일본(15%)보다는 높지만, 미국(53%)과 비교하면 훨씬 낮습니다. 우리나라 주식 비중은 2010년에 25%까지 올라갔다가 2019년에는 18%로 떨어졌습니다. 2020년에는 이른바 '동학개미운동'이 상징하는 것처럼 수많은 개인이 주식시장에 참여하면서 22%까지 올라왔고, 2021년 2분기에도 24%로 더 올라왔습니다.

　개인에 따라 연령에 따라 다르겠지만, 주식 비중이 이보다 좀 더 높아져도 좋을 것 같습니다. 우리 경제가 구조적으로 저금리 시대에 접어들었기 때문입니다. 은행에 예금하면 2021년 7월 시점으로 0.9%의 금리를 받는데, 코스피 배당수익률이 1.7%입니다. 2019년 이전까지는 은행금리가 주식의 배당수익률보다 높았기 때문에 주식투자 매력이 크지 않았습니다. 그러나 2020년부터는 배당수익률이 더 높아졌습니다.

앞으로도 상당 기간 이런 추세는 지속될 가능성이 높습니다. 우리 기업들이 돈을 벌어 배당금을 더 줄 것이기 때문입니다. 국민총소득(GNI)이 생기면 가계, 기업, 정부가 나눕니다. 그런데 1997년 외환위기와 2008년 글로벌 금융위기를 거치면서 가계 몫은 상대적으로 줄었습니다. 1997년 이전에는 GNI 가운데 가계 비중이 71%

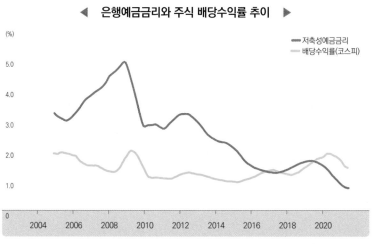

◀ **은행예금금리와 주식 배당수익률 추이** ▶

자료: 한국은행, 한국거래소

였으나 2008년 이후로는 61% 정도로 낮아졌습니다. 그 대신 기업 비중은 같은 기간 17%에서 26% 정도로 높아졌습니다. 가계는 상대적으로 가난해졌고 기업은 부자가 된 것입니다.

그래서 우리 정부가 기업 소득을 가계 소득으로 이전시키는 정책(기업소득환류세제)을 추진한 바 있습니다. 정부가 기업에게 '임금을 올려달라, 투자와 고용을 늘려달라, 배당금을 더 주어라'라고 권유했습니다. 그러나 일부 기업은 임금을 크게 올려주지 못하고 있는 상황입니다. 한국 임금의 비탄력성이 매우 높다는 이유 때문입니다. 미국 기업은 이익이 늘어나면 임금을 올리고 이익이 줄어들면 임금을 내리는데, 근로자들이 이를 자연스럽게 받아준다는 것입니다. 그러나 우리 근로자들은 임금 내리는 것을 거의 받아주지 않는다는 것입니다. 나중에 경기가 나빠졌을 때 임금을 내릴 수 없기 때문에 지금 임금을 많이 올리기 힘들다는 게 기업의 입장입니다. 또한 우리 기업이 2021년 6월 말 848조 원의 현금성 자산을 가지고 있을 만큼 투자와 고용을 많이 늘리지 않고 있습니다.

저는 삼성전자, 현대차, 포스코, SK 등 대기업 임직원 대상으로 강의하면서, 월급의 일부는 은행에 맡기지 말고 자기 회사 주식을 사라고 권유하고 있습니다. 은행에 적금을 드는 것처럼 말입니다.

미국 마이너스 실질금리의 의미

지금까지 금리에 대해서 자세히 살펴보았습니다.

최근 금리와 관련된 가장 큰 이슈 하나를 짚고 이 장을 마무리하겠습니다.

2019년 4분기 이후 미국 실질금리가 마이너스(-)로 돌아선 후 그 폭이 점차 확대되고 있습니다. 마이너스 실질금리는 시장금리가 오르거나 물가상승률이 낮아지면서 해소될 것입니다. 또한 실질금리가 마이너스로 돌아선 후 일정 기간이 지나면 경기가 침체에 빠졌습니다. 이는 자산가격에도 부정적 영향을 줄 전망입니다.

미국의 대표적 명목 시장금리는 10년 만기 국채수익률입니다. 이 금리에 소비자물가상승률을 뺀 것이 실질금리라 할 수 있습니다. 2021년 7월 실질금리가 -4.1%로 1980년 6월 (-4.6%) 이후 최저치를 기록했습니다.

정상적 경제 상황이라면 마이너스 실질금리는 지속될 수 없습니다. 실질금리가 플러스로 돌아서려면 물가상승률이 낮아지거나 명목금리가 올라야 합니다. 2021년 6월 소비자물가가 전년동월보다 5.4% 상승해 2008년 7월(5.6%) 이후 13년 만에 최고치를 기록했습니다. 물가상승률이 이렇게 높아진 이유는 수요보다는 공급 측면에

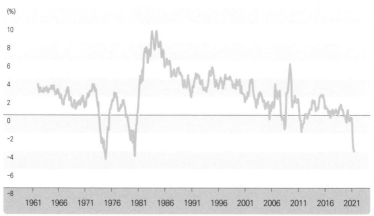

◀ 미국의 실질금리 추이 ▶

자료: 블룸버그

서 국제 유가 등 원자재 가격에 상승에 기인했습니다. 2021년 6월 말 서부텍사스원유(WTI) 가격이 배럴당 74달러로 1년 전보다 87%나 급등했습니다. 2000년 이후 통계로 분석해보면 유가상승률과 소비자물가상승률 사이에는 상관계수가 0.76으로 매우 높게 나타났습니다. 여기다가 2020년 상반기에 코로나19로 소비가 급격하게 위축되면서 물가상승률이 낮았던 데 대한 기저효과로 2021년 6월 물가 상승률이 높게 나왔습니다.

2021년 7월 이후로는 기저효과 등 일시적 요인이 사라지면서 물가상승률이 낮아질 수 있습니다. 그렇더라도 2022년 하반기에도 소비자물가상승률이 4% 이상을 유지할 가능성이 높습니다. 여전히 국제 유가 등 원자재 가격이 높은 수준을 유지하고 있는 상태에서 수요가 회복되고 있기 때문입니다. 미국 경제는 연율로 2021년 1분기에 6.3% 성장한 데 이어 2분기에도 6.5% 성장했습니다. 특히 미국 국내총생산(GDP)의 70%를 차지하고 있는 민간소비가 각각 11.4%와 11.8%씩 증가하면서 경제성장을 주도했습니다.

소비지출 내용을 보면 내구재에서 비내구재로, 최근에는 서비스 지출로 소비 증가세가 이어지고 있습니다. 내구재와 비내구재 소비가 코로나19 이전 수준을 넘어선 반면 소비지출의 65%를 차지하고 있는 서비스 지출이 이제 코로나 이전 수준에 근접했습니다. 최근 코로나 확산 추세로 2021년 하반기에는 경제성장률이 소비 중심으로 둔화되겠지만, 연말에는 실제 GDP가 잠재 수준에 접근해가면서 수요 측면에서 물가상승 압력이 나타날 전망입니다.

<table>
<tr><td>**명목금리 상승으로 마이너스 실질금리가 축소될 것입니다**</td><td>앞서 살펴본 것처럼 2021년 하반기부터 기저효과가 사라지면서 물가상승률이 점차 낮아지고서 실질금리의 마이너스 폭</td></tr>
</table>

이 축소될 것입니다. 그러나 여전히 소비자물가상승률이 4%대를 유지한다면 실질금리는 계속 마이너스 상태에 머물게 됩니다. 실질금리가 플러스로 전환하기 위해서는 명목금리인 10년 국채수익률이 상승해야 합니다. 그러나 2021년 3월 1.74%까지 상승했던 10년 만기 국채수익률이 7월 말에는 1.22%로 떨어졌습니다. '저금리의 수수께끼'입니다.

세계 주요 대학에서 경제학 원론 교과서로 사용하는 『맨큐의 경제학』* 저자인 그레고리 맨큐(Gregory N. Mankiw) 하버드대 교수가 2020년 12월 뉴욕타임스에 저금리 수수께끼를 여섯 가지 측면에서 풀었습니다. 첫째, 지난 20~30년간 소득불균형 확대로 경제적 자원이 부유층에 집중되면서 투자 시장에 돈이 넘쳐나게 되었습니다. 둘째, 중국의 급격한 경제성장으로 중국

* 그레고리 맨큐 지음(김경환, 김종석 옮김), 『맨큐의 경제학(원제: Principles of Economics 8th)』, 센게이지러닝(2018)

인의 저축률이 높아지면서 전 세계의 금리를 떨어뜨렸습니다. 셋째, 2008년 글로벌 금융위기와 코로나19 충격이 미래의 불확실성을 높이면서 기성세대의 저축성향이 더욱 높아졌습니다. 넷째, 생산성이 1970년대 이후 저하되고, 이에 따른 성장률 둔화가 금리를 끌어내리고 있습니다. 다섯째, 실리콘밸리형 테크 산업은 과거 철도·자동차 공장만큼 자금 수요가 크지 않습니다. 여섯째, 전반적으로 현대 비즈니스는 과거만큼 많은 자금을 필요로 하지 않습니다.

여기다가 제가 하나 더 추가하는 저금리 원인은 연방준비제도(연준)에 대한 시장의 강력한 신뢰입니다. 연준이 저금리를 유지하기 위해서 돈을 더 풀 것이라는 시장의 기대입니다. 실제로 연준은 계속 돈을 찍어내고 있습니다. 마샬케이(＝광의통화(M2)/명목GDP)가 이를 보여줍니다. 2008년 금융위기를 겪으면서 연준은 기준금리를 0%로 내리고 2009년에서 2014년까지 대규모의 양적 완화를 단행했습니다. 이에 따라 마샬케이가 2008년 말 0.56에서 2014년 말에는 0.65로 16% 증가했습니다. 또한 2020년 코로나19로 경제가 침체에 빠지자 다시 큰 폭의 양적 완화를 단행한 결과, 마샬케이가 2019년 말 0.71에서 2020년 2분기에는 0.93으로 6개월 만에 32%나 급증했습니다. 그만큼 실물경제에 비해서 통화량이 더 늘어난 것입니다. 1990년~2020년 통계로 분석해보면 마샬케이와 국채수익률 사이에는 상관계수가 －0.76이었습니다. 즉, 마샬케이가 높아지면 높아질수록 금리가 떨어졌다는 의미입니다. 이에 따라 연준이 보유하고 있는 국채가 2021년 3월 시점 5조 4,000억 달러로 연방정부가 발행한 국채의 19.2%를 차지하고 있습니다. 2008년 말 4.4%에 비교하면 급격한 변화입니다.

그러나 비정상적 저금리 상태가 지속될 수는 없습니다. 변화 조짐이 나타나고 있습니다. '쌍순환' 성장 전략이 상징하는 것처럼 중국 정부는 소비 등 내수를 확대하는 정책을 펼치고 있습니다. 이 과정에서 중국의 저축률이 낮아지고 세계에 자금 공급 여력이 줄어들 것입니다. 미국 바이든 정부는 고소득층에게 부과하는 세금을 인상해 중산층을 육성할 계획입니다. 고소득층의 저축이 중산층 이하의 소비로 이어질 수 있습니다. 미국 가계소비의 70% 정도를 차지하고 있는 서비스 지출이 크게 늘면서 저축률이 낮아질 가능성이 높습니다.

반면에 투자율은 높아질 전망입니다. 미국 정부는 인프라 투자에 대규모의 재정지출을 계획하고 있습니다. 민간 부문에서는 반도체와 2차전지 산업 등에 기업의 투자가 크게 늘 것입니다. 여기다가 금리를 결정하는 가장 중요한 요인 가운데 하나인 물가상승률이 높아지고 있습니다. 이 경우 연준도 저금리를 유지하기 위해서 돈을 마냥 풀 수 없을 것입니다.

마이너스 실질금리는 물가상승률이 낮아지거나 명목금리가 오르면서 해소될 것입니다. 그러나 2021년 하반기에도 마이너스 실질금리는 계속 유지될 전망입니다. 소비자물가상승률이 3%대 이하로 낮아지기 힘들며, 10년 만기 국채수익률이 3%대로 급등할 가능성 또한 낮기 때문입니다.

그렇다면 마이너스 실질금리가 의미하는 것은 무엇일까요. 시차를 두고 미국 경제가 침체에 빠질 것이라는 예고입니다. 실질금리는 사전적으로 추정하기 어렵기 때문에 실질금리 대용변수로 실질 경제성장률을 사용합니다. 마이너스 금리는 다가올 마이너스 경제성

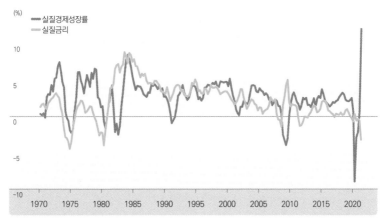

◀ 미국의 실질금리와 경제성장률 추이 ▶

주: 경제성장률은 전년동기비　　　　　　　　　　　자료: 미 상무부, 블룸버그

장률을 시사합니다. 1970년 이후 통계로 분석해보면 실질금리가 마이너스로 돌아선 다음에 2~7분기 정도의 시차를 두고 경제성장률(전년동기비)도 마이너스로 떨어지거나 성장률 수준 자체가 낮아졌습니다(그림 참조). 2021년 4월부터 경기 선행지표인 장단기 금리 차이가 축소되면서 다가올 경기 둔화를 예고하고 있습니다.

큰 폭의 마이너스 금리에 대한 수수께끼가 풀리면 주식 등 자산가격이 급격한 조정을 보일 가능성이 높습니다. 자산가격을 결정하는 가장 중요한 요인은 금리와 경제성장률입니다. 마이너스 실질금리가 축소되는 과정에서 시장금리를 대표하는 10년 만기 국채수익률이 오를 전망입니다. 또 다른 측면에서 마이너스 실질금리는 다가올 경기침체를 의미합니다. 우선은 시장금리 상승이 나중에는 경기침체가 자산가격에는 부정적 영향을 줄 것입니다. 현재 미국 주가와 집값이 거품 영역에 있기 때문에 그 충격은 더 클 수도 있습니다. 이에 대해서는 이 책의 마지막 부분에서 다루겠습니다.

제2부

환율

— 알고 갑시다 —

환율 표시 방식

환율은 금리 못지않게 중요한 경제변수입니다. 금리가 주로 국내 경제 상황을 반영한 경제지표라면, 환율은 국내뿐만 아니라 상대국의 경제 상황까지 반영한 경제지표입니다. 또한 환율은 수출과 물가 등 거시경제변수에 중요한 영향을 미칠 뿐만 아니라 기업의 매출, 나아가서는 해외 주식투자 등을 하는 개인에게까지 영향을 미칩니다.

[환율은
상대국 통화와
교환비율입니다]
환율이란 한 마디로 상대국 통화와 교환비율입니다. 예를 들면 미국 달러화에 대한 원화 환율이 1,150원이라면, 미국 1달러를 얻기 위해서는 1,150원의 한국 원화를 지불해야 한다는 것입니다. 환율은 보통 소수 둘째 자리까지 발표합니다. 2021일 11월 5일 기준으로 보면 미국 달러당 1,180.00원, 1유로당 1,363.14원, 1위안당 184.40원 등입니다. 그런데 일본 엔에 대한 원화 환율은 100엔당 1,036.54원으로 표시됩니다. 1엔당 10.37원으로 표시하면 더 좋을 것인데, 처음부터 100엔으로 표시해서 계속 그대로 쓰고 있다고 합니다.

우리나라뿐만 아니라 다른 나라 통화도 대부분 미 달러 기준으로 표시합니다. 1달러당 일본 엔은 110.25엔, 중국 위안은 6.4567 위안

Bloomberg

Before it's here, it's on the Bloomberg Terminal. 🖵 Learn More

Overview   Americas   EMEA   APAC

Currency data is 5 minutes delayed (times in ET) and based on the Bloomberg Generic Composite rate (BGN). See full details and disclaimer.

CURRENCY	VALUE	CHANGE	NET CHANGE	TIME (EDT)
EUR-USD	1.1703	0.0028	+0.24%	1:00 PM
USD-JPY	109.8100	0.0700	+0.06%	1:00 PM
GBP-USD	1.3628	-0.0011	-0.08%	1:00 PM
AUD-USD	0.7141	-0.0006	-0.08%	1:00 PM
USD-CAD	1.2841	0.0013	+0.10%	1:00 PM
USD-CHF	0.9168	-0.0021	-0.23%	1:00 PM
EUR-JPY	128.5200	0.3800	+0.30%	1:00 PM
EUR-GBP	0.8588	0.0026	+0.30%	1:00 PM
USD-HKD	7.7890	-0.0010	-0.01%	1:00 PM
EUR-CHF	1.0729	0.0002	+0.02%	1:00 PM
USD-KRW	1,179.5500	3.1400	+0.27%	2:29 AM

Currency rates are representative of the Bloomberg Generic Composite rate (BGN), a representation based on indicative rates only contributed by market participants. The data is NOT based on any actual market trades. Currency data is 5 minutes delayed, provided for information purposes only and not intended for trading; Bloomberg does not guarantee the accuracy of the data. See full details and disclaimer.

자료: 블룸버그

등입니다. 그러나 예외적 통화가 몇 개 있습니다. 바
로 영국의 파운드화, 호주 달러, 유로화입니다. 이들
은 자국 통화 기준 환율을 사용하고 있습니다. 예컨대
1파운드당 1.3872달러, 1호주달러당 0.7356달러, 1유

블룸버그
환율 동향

로당 1.1762달러 등으로 표시되는 것입니다. 이런 환율 동향은 거
의 실시간으로 블룸버그 등에서 확인할 수 있습니다.

외환시장은 그림과 같이 하루 종일 쉬지 않고 거래됩니다. 시점
에 따라 다릅니다만, 외환시장은 시드니에서 시작해서 동경으로, 그

◀ **글로벌 외환시장의 거래시간** ▶

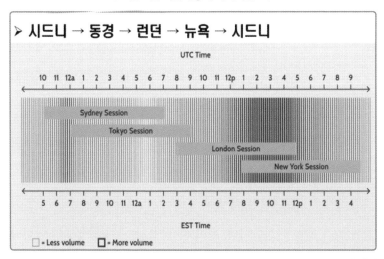

자료: 한국은행

다음에 런던과 뉴욕 시장으로 이어집니다. 그림에서 'UTC'라는 단어가 나옵니다. 이는 'Coordinated Universal Time'의 약자로 영국 그리니치 천문대 기준 세계 표준 시각입니다.

'EST'는 'Eastern Standard Time'의 약자로 주로 미국과 캐나다에서 사용하는 동부 표준시입니다. 이와 더불어 'KST'(Korea Standard Time) 즉, 한국 표준시도 있습니다. 예를 들면 UTC 1월 1일 24:00시라 하면 KST는 1월 2일 09:00가 됩니다. 즉, KST와 UTC 사이에는 9시간 차이가 납니다. 휴대폰 등에서도 이 시간을 곧바로 확인할 수 있습니다.

원화가치가 상승했다 혹은 하락했다는 표현이 맞습니다

앞으로 이 책에서는 달러당 원화 환율을 원/달러 환율로 표현하겠습니다. 원/달러 환율이 1,150원에서 1,050원으로 변동했을 때, 일부 언론에서는 '평가절상'되었다는 표현을 씁니다. 거꾸로 1,250원으로 올라갔을 때는 '평가절하'되었다고 씁니다.

엄밀히 말하면 이는 틀린 표현입니다. 평가절상 혹은 평가절하라는 단어는 고정환율 때 쓰는 단어입니다. 환율 결정 요인에서 자세히 설명하겠습니다만, 원/달러 환율은 거래가 되는 동안 시장 상황에 따라 계속 변화합니다. 우리 환율제도는 고정환율제가 아니라 자유변동환율제라는 것입니다. 참고로 우리나라 환율 변천사를 보

환율제도	내용
고정환율제도 (1945.10.~1964.5.)	한국은행이 공정환율(official exchange rate)를 결정, 고시하였으며, 복수환율제와 단일환율제를 번갈아 가면서 시행
단일변동환율제도 (1964.5.~1980.2.)	기준환율의 상하 2% 범위 내 한국은행이 매일 환율을 결정. 사실상 고정환율제도
복수통화바스켓제도 (1980.2.~1990.2.)	미달러화를 포함한 주요 교역상대국 통화의 가치변동에 원화환율을 연동. SDR 바스켓, 독자바스켓 및 실세반영장치 등 세 가지 요소로 한국은행이 매일 환율을 결정
시장평균환율제도 (1990.3.~1997.12.)	외국환중개회사가 은행간 거래의 가중평균환율을 익영업일의 기준환율로 정하고 상하 일정범위 내에서만 변동하도록 허용
자유변동환율제도 (1997.12.~현재)	외환수급에 의해 은행간 시장에서 자유로이 결정됨

자료: 한국은행

면 다음과 같습니다. 1997년 12월부터 자유변동환율제도를 채택했습니다.

원/달러 환율이 1,150원에서 1,050원으로 변동했다면, 그냥 '환율이 떨어졌다'고 하던지 '원화가치가 상승했다'라고 써야 합니다. 그 반대의 경우는 '환율이 올라갔다' 혹은 '원화가치가 하락했다'라고 표현하면 됩니다. 제가 공중파 방송에 처음 나갔을 때 몇 가지 주의사항을 알려주었는데, 첫 번째 '저희' 나라가 아니라 '우리' 나라로 이야기하라는 거였고, 두 번째가 앞의 환율 표현 방법이었습니다.

환율 변동 요인

환율도 다른 경제변수와 마찬가지로 수요와 공급에 의해서 결정됩니다. 서울외환시장에서 달러의 공급이 늘어나면 달러 가치가 하락하고 원화 가치는 상승합니다. 반대로 달러의 수요가 늘어나면 원화 가치는 하락하게 됩니다. 그러면 달러의 수요와 공급을 결정하는 요인에는 어떤 것들이 있을까요?

환율을 변동시키는 요인이 다양합니다. 그러나 크게 세 가지로 분류해보면 국제수지 등 경제펀더멘털 요인, 재정 및 통화 정책 요인, 기대 심리 등 단기 요인이 있습니다.

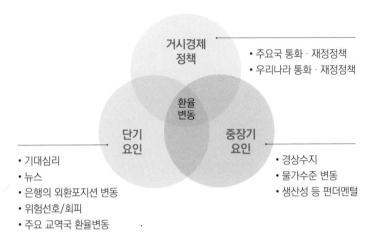

◀ 환율 변동 요인 ▶

거시경제
정책
• 주요국 통화 · 재정정책
• 우리나라 통화 · 재정정책

환율
변동

단기
요인
• 기대심리
• 뉴스
• 은행의 외환포지션 변동
• 위험선호/회피
• 주요 교역국 환율변동

중장기
요인
• 경상수지
• 물가수준 변동
• 생산성 등 펀더멘털

자료: 한국은행, 환율 및 외환시장에 대한 이해(2021.7.)

> **우리나라 국제수지가
> 흑자이면 원화가치가
> 상승합니다**

이제 환율 변동 요인을 하나하나 자세히 살펴보겠습니다.

첫 번째로 국제수지가 환율에 가장 중요한 영향을 줍니다. 국제수지는 경상수지와 금융계정으로 구성되어 있습니다. 경상수지가 흑자를 기록한다는 것은 그만큼 우리 외환시장에 달러 공급이 늘어나고 있다는 의미입니다. 경상수지 중에서 무역수지 가장 중요한데, 무역수지 흑자는 우리 기업이 수입한 금액보다 수출 금액이 더 많았다는 것입니다.

기업이 수출에서 벌어들인 달러를 외환시장에서 원화로 바꾸게 됩니다. 물론 일부는 수입을 위해서나 다른 목적으로 가지고 있습니다. 수출이 늘어나면 외환시장에 달러 공급이 늘어나고, 원/달러 환율이 떨어지게 됩니다. 아래 그림에서 달러 공급 곡선이 S1에서 S2로 이동하게 된다는 것입니다. 그러면 환율이 (W/$1)에서 (W/S2)로 떨어지게 됩니다.

◀ **경상수지 흑자시 원화가치 상승** ▶

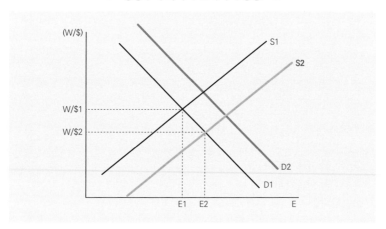

1997년 외환위기 이후 우리나라 경상수지는 지속적으로 흑자를 내고 있습니다. 그 이유는 다음 장의 〈참고〉를 보면 됩니다. 1997년 에서 2020년까지 우리나라 경상수지 누적 흑자액은 9,229억 달러 에 이르렀습니다. 2015년에는 연간 경상수지 흑자가 1,051억 달러 로 사상 최대치를 기록하기도 했습니다.

이렇게 경상수지 흑자가 많이 나면 외환시장에 달러 공급이 크게 늘어 환율도 큰 폭으로 떨어져야 했습니다. 물론 연 평균 환율로 보면, 원/달러 환율이 1998년 1,399원에서 2007년에는 929원까지 떨어졌습니다. 원화 가치가 상승했다는 것입니다. 그러나 2008년 미국에서 시작한 글로벌 금융위기가 세계로 확산하면서 2009년에는 다시 1,276원까지 상승했습니다. 그 후 2010년에서 2020년까지는 평균 환율이 1,128원으로 큰 변동이 없었습니다.

2010~2020년 사이에도 누적 경상수지 흑자가 7,444억 달러에 이를 정도로 많았었는데, 왜 환율이 떨어지지 않았을까요? 그것은 경상수지 흑자로 들어온 달러가 금융계정을 통해 국외로 거의 다 나갔기 때문입니다. (금융계정도 〈참고〉에 자세히 설명하겠습니다.) 2010~2020년 금융계정을 통해 국외로 나간 돈이 7,579억 달러로 경상수지 흑자보다 약간 더 많습니다. 금융계정에는 해외직접투자(FDI)나 증권투자가 대부분을 차지합니다. 같은 기간 순해외직접투자가 2,224억 달러였습니다. 외국인이 우리 기업에 직접투자한 것보다 우리 기업이 해외에 투자한 돈이 그만큼 많았다는 의미입니다. 또한 순증권투자도 동기간에 2,833억 달러에 이르고 있습니다. 우리가 해외 주식이나 채권을 대규모로 사고 있다는 것입니다.

앞서 경상수지 흑자로 국내 외환시장에서 달러 공급이 늘어나 환율이 떨어진다고 했습니다. 그런데 해외직접투자와 증권투자를 하

려면 달러를 사야 합니다. 그러면 앞의 그림에서 달러 수요 곡선이
D1에서 D2로 이동하게 됩니다. 이 경우 경상수지 흑자로 떨어졌던
환율이 다시 올라가게 됩니다. 우리나라에서 경상수지가 지속적으
로 흑자를 기록하고 있음에도 원/달러 환율이 떨어지지 않은 것은
금융계정을 통해 비슷한 규모의 달러가 나가기 때문입니다.

> **참고** **금융계정이란?**
>
> 거주자와 비(非)거주자의 모든 대외 금융자산 및 부채의 거래변동
> 을 기록하는 것으로, 직접투자, 증권투자, 파생금융상품, 기타 투자
> 및 준비 자산 등으로 구성된다.
>
> 국제거래는 국경을 넘어 이루어지는 국가 간의 모든 상품, 노동,
> 자본, 기술 등의 거래이다. 국제거래에서 발생한 수입과 지출의 차
> 이를 나타낸 것을 국제수지(國際收支)라고 하며, 국제수지는 크게
> 경상수지(經常收支)와 자본 금융계정으로 구분된다. 경상수지는 국
> 가 간의 상품과 서비스 등 실물 거래에서 발생한 수입과 지출을 따
> 지는 것이다. 자본 금융계정은 실물이 아닌 자본의 흐름을 나타낸
> 것으로 다시 자본수지(資本收支)와 금융계정으로 나뉜다. 자본수지
> 는 자본 이전(移轉)과 비생산 비금융자산으로 구분되는데, 자본 이

전은 해외 이주비나 채무면제 등이 해당되고, 비생산 비금융자산은 토지, 지하자원 등과 같은 비생산유형자산과 저작권, 상품권 등과 같은 비생산무형자산의 취득 및 처분에 대한 거래를 나타낸다. 금융계정은 거주자와 비거주자의 모든 대외 금융자산 및 부채의 거래 변동을 기록하는 것이다. 여기에서 거주자와 비거주자의 구분은 외국환관리법과 소득세법상 법률의 적용범위를 규정하기 위한 것으로, 일반적으로 우리나라에 주소를 둔 개인과 법인을 거주자로 보며, 비거주자는 거주자 이외의 개인과 법인을 가리킨다.

금융계정은 직접투자, 증권투자, 파생금융상품, 기타 투자 및 준비 자산 등으로 구성된다. 직접투자는 영속적인 이익을 취득하기 위하여 이루어지는 대외투자로, 우리나라 기업이 외국에 직접 공장을 설립하는 경우나 외국 기업이 우리나라에 공장을 설립하는 경우 등이 그 예이다. 증권투자는 투자 자본의 가치를 증가시키거나 이윤 획득만을 목적으로 하는 대외투자로 외국과의 주식이나 채권 등의 거래가 해당하며, 파생금융상품은 파생금융상품의 거래에서 발생한 손익을 나타낸다. 기타 투자는 직접투자, 증권투자, 파생금융상품 및 준비 자산에 포함되지 않은 모든 금융 거래를 나타낸 것으로 국가 간의 차관도입이나 차관제공, 상품을 외상으로 수입하거나 수출할 때 발생하는 무역신용, 현금 및 예금 등과 관련한 기타금융 거래 등이 여기에 속한다. 준비 자산은 중앙은행과 같은 통화당국이 보유한 외환보유액의 거래변동을 나타내는 것이다.

앞의 경상수지와 금융계정에 대한 설명을 '네이버 지식백과(두산백과)'에서 그대로 인용했습니다. 이를 표로 보면 더 쉽게 알 수 있습니다. 한국은행에서 매월 국제수지를 발표하는데, 아래는 2021년 6월 경상수지와 금융계정 통계입니다.

◀ 월별 경상수지 ▶

(억 달러, %)

	2020p		2021p		
	6	1~6	5	6	1~6
경상수지	71.6	190.4	107.6	88.5	443.4
1. 상품수지	61.8	251.3	63.7	76.2	381.7
1.1 수출[1]	394.7 (-9.8)	2,384.0 (-13.5)	503.5 (49.0)	536.3 (35.9)	3,017.9 (26.6)
1.2 수입(FOB)[1]	332.9 (-11.0)	2,132.7 (-10.5)	439.8 (41.1)	460.2 (38.2)	2,636.2 (23.6)
2. 서비스수지	-13.5	-95.9	-5.6	-9.5	-29.0
2.1 가공서비스	-4.0	-27.0	-4.5	-5.1	-29.0
2.2 운 송	-0.4	-0.9	11.9	12.9	58.1
2.3 여 행	-3.9	-30.7	-7.1	-4.9	-30.6
2.4 건 설	3.9	24.0	3.3	2.5	21.1

2.5 지식재산권사용료	-4.1	-16.0	1.4	-7.5	-17.7
2.6 기타사업서비스[2]	-9.4	-52.3	-11.7	-13.2	-52.0
3. 본원소득수지	18.1	38.1	54.9	25.3	118.2
3.1 급료 및 임금	-0.6	-3.3	-0.7	-0.6	-3.9
3.2 투자 소득	18.7	41.4	55.6	25.9	122.1
(배당소득)	7.0	-11.9	46.8	16.5	65.1
(이자소득)	11.7	53.2	8.8	9.4	57.0
4. 이전소득수지	5.3	-3.1	-5.4	-3.5	-27.6

주 : 1) 국제수지의 상품 수출입은 국제수지매뉴얼(BPM6)의 소유권 변동원칙에 따라 국내 및 해외
　　　에서 이루어진 거주자와 비거주자 간 모든 수출입거래를 계상하고 있어 국내에서 통관 신고
　　　된 물품을 대상으로 하는 통관기준 수출입과는 차이가 있음
　　2) 연구개발서비스, 전문·경영컨설팅서비스, 건축·엔지니어링서비스 등으로 구성
　　3) ( ) 내는 전년동기대비 증감률

◀ **월별 금융계정 및 자본수지** ▶

(억 달러)

	2020p		2021p		
	6	1~6	5	6	1~6
금융계정[1]	63.2	157.0	83.8	42.9	338.6
1. 직접투자	23.5	78.9	26.0	12.1	128.9
1.1 직접투자 [자산]	30.0	113.1	34.4	40.7	215.9
1.2 직접투자 [부채]	6.5	34.2	8.4	28.6	87.0
2. 증권투자	5.0	206.8	58.8	-74.2	73.4
2.1 증권투자 [자산]	47.6	251.4	43.8	42.0	401.8

주식	43.2	284.8	33.3	48.9	394.7
부채성증권	4.4	-33.4	10.5	-6.8	7.1
2.2 증권투자 [부채]	42.6	44.6	-15.0	116.3	328.4
주식	1.3	-180.5	-83.6	5.1	-135.8
부채성증권[2]	41.2	225.1	68.6	111.2	464.2
3. 파생금융상품	7.3	68.2	-2.0	-4.5	-15.2
4. 기타투자	10.4	-204.7	-22.7	109.7	80.5
4.1 기타투자 [자산]	-58.0	-8.5	25.4	69.6	226.0
(대출)	9.9	58.7	-11.3	38.0	7.1
(현금및예금)	-65.0	37.7	49.0	36.5	126.8
(기타자산[3])	-5.0	-32.2	-15.1	-19.5	41.1
4.2 기타투자 [부채]	-68.4	196.1	48.1	-40.1	145.5
(차입)	-2.3	84.3	18.5	-28.5	70.7
(현금및예금)	-63.1	122.1	39.7	-20.8	58.3
(기타부채[3])	-2.5	14.1	-8.2	4.6	-16.3
5. 준비자산	17.0	7.7	23.6	-0.1	71.1
자본수지	-0.0	-2.0	-0.1	0.0	-0.5

주 : 1) 순자산 기준, 자산·부채 증가는 (+), 자산·부채 감소는 (−)
　　2) 거주자가 해외에서 발행한 채권중 비거주자와의 거래분 포함
　　3) 매입외환, 매도외환 등

외환위기 이후 경상수지 흑자 이유는?

1998년부터 우리나라 경상수지가 계속 흑자를 기록하고 있습니다. 그 이유는 총 저축률이 국내투자율보다 높기 때문입니다. 국민소득 결정식에서 '민간소비(C)＋투자(I)＋정부지출(G)＋수출(X)＝민간소비(C)＋저축(S)＋조세(T)＋수입(M)'입니다. 양변에 있는 민간소비를 제거하고 정부가 균형예산(G＝T)을 편성한다면 투자와 수출의 합은 저축과 수입의 합과 같습니다. 이를 정리해서 다시 쓰면 '저축(S)－투자(I)＝수출(X)－수입(M)'이 됩니다. 저축이 투자보다 많으면 수출이 수입보다 많아 무역수지나 경상수지가 흑자를 기록하게 됩니다.

다음 그림에서 보는 것처럼 1997년 이전에는 우리 기업이 투자를 많이 했습니다. 그래서 투자율이 저축률을 넘어서고 경상수지가 적자를 기록했습니다. 1990년 중반 이후 기업의 과잉투자로 기업이 부실해졌고, 돈을 빌려준 은행 등 금융회사들도 부실해졌습니다. 1997년 외환위기(이른바 IMF 경제위기)는 부실한 기업과 은행을 구조조정하는 과정이었습니다.

그 이후 기업의 투자가 상대적으로 줄어들면서 저축률이 투자율을 넘어섰습니다. 그래서 경상수지가 흑자를 기록한 것입니다. 실

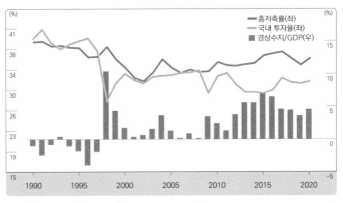

◀ 저축률, 투자율, 경상수지 추이 ▶

자료: 한국은행

제 통계로 보면 1998년~2020년 총저축률이 연평균 34.8%로 국내
투자율(31.6%)보다 3.2% 포인트 높았고, 같은 기간 GDP대비 경상
수지 흑자도 연평균 3.4%였습니다.

앞서 1부 금리 파트에서 저축이 투자보다 많아 저금리 상태가 지
속되고 있다고 했습니다. 저축은 자금의 공급이고 투자는 자금 수
요이기 때문입니다. 한편 저축이 투자보다 많아 경상수지가 흑자를
기록하면, 국내 외환시장에 달러 공급이 늘어나 원화가치가 오릅니
다. 원화가치 상승은 각종 원자재나 중간재 수입 가격을 떨어뜨려
물가상승률을 낮추고 피셔방정식에 보았던 것처럼 물가가 떨어지
면 금리도 낮아집니다.

국제수지가 환율을 결정하는 가장 중요한 요소이기 때문에 환율 결정요인으로 국제수지를 자세하게 살펴보았습니다. 이제부터는 다른 환율 결정요인을 짧게 설명해보겠습니다.

> **우리나라 물가가
> 상대국 물가에 비해 더 오른다면
> 원화가치는 하락합니다**

두 번째로 환율에 영향을 미치는 변수는 물가입니다. 미국 물가는 그대로 있는데, 우리나라 물가만 상승했다면, 미국으로 수출이 줄어듭니다. 미국인 입장에서 보면 우리나라 상품 가격만 올랐다면 미국 내에서 같은 상품을 구입하거나, 수입선을 다른 나라로 대체할 것입니다. 그러면 우리나라 대미 수출이 줄어들고 달러 공급도 위축될 것입니다. 반면에 우리나라 수입업자들은 미국이나 다른 나라에서 수입을 늘릴 것입니다. 그러면 달러 수요가 증가하면서 달러 가치가 오르고 원화 가치는 떨어지게 됩니다. 반대로 우리 물가가 미국보다 상대적으로 더 낮아지면 수출이 증가하고 원화 가치는 상승합니다.

> **금리차이도
> 환율에 중요한
> 영향을 줍니다**

환율에 영향을 주는 세 번째 변수는 금리입니다. '돈이라는 게 눈이 있어 늘 수익률이 높은 곳으로 이동한다' 합니다. 미국 금리는 변동이 없는데, 한국 금리가 오르면 돈이 한국으로 유입됩니다. 주로 채권을 사들이는 자금이라 할 수 있습니다. 한국으로 돈이 들어오면 한국 외환시장에서 달러 공급이 늘어나, 원화 가치가 상승합니다.

제가 분석해보면 한미간의 명목금리 차이보다는 실질금리의 차이가 원/달러 환율에 더 중요한 영향을 미치는 것으로 나타났습니다. 여기서 실질금리는 양국의 10년 만기 국채수익률에서 소비자물가상승률을 뺀 것입니다. 한국의 실질금리가 미국보다 높을 때 원화 가치가 상승했습니다. 이때는 한국의 명목금리(국채 수익률)가 미국보다 높거나 미국 물가상승률이 한국보다 높았습니다. 2008년 6월에서 2021년 6월까지 한미실질금리 차이와 원/달러 환율의 상관계수를 구해보면 -0.54로 나옵니다. 한국의 실질금리가 미국보다 높을 때, 원화 가치가 상승했다는 의미입니다.

환율은 기대심리 등의 요인에 따라 단기적으로 변동합니다

지금까지 환율 변동요인으로 살펴본 국제수지, 물가, 금리가 환율을 결정하는 기본적 요인이라 할 수 있습니다. 그러나 환율은 여러 가지 단기적 요인에 따라 매일매일 변동합니다. 우선 기대심리입니다. 글로벌 금융시장이 불안해질 것으로 기대되면 달러 가치가 오르고 상대적으로 원화 가치는 하락하게 됩니다. 아직도 많은 경제 주체들에게 미국 달러는 안전자산으로 여겨지고 있기 때문입니다. 특정 뉴스도 환율에 영향을 미칩니다. 예를 들어 북한이 미사일을 발사했다는 소식이 나올 때 한국의 지정학적 리스크가 커지면서 원화 가치가 하락할 수 있습니다. 또한 은행이 외환포지션을 변경했을 때, 환율이 일시적으로 변동합니다. 은행이 달러 보유가 적정 수준으로 추정하는 것보다 많을 때는 달러를 시장에 매각하고, 이때 달러 가치는 떨어집니다.

> **환율은 각국의 통화정책이나 재정정책에도 영향을 받습니다**

2021년 글로벌 금융시장에서 가장 큰 관심사는 미국의 통화정책입니다. 2020년 상반기에 코로나19로 미국 경제가 극심한 침체에 빠지자 미국 연방준비제도(연준)는 연방기금리를 0%로 인하하고 양적 완화를 통해 4조 달러 이상의 돈을 풀었습니다. 이런 정책 효과가 나타나면서 미국 경제가 회복되었고, 주가와 집값 등 자산 가격도 급등했습니다. 또한 미국 중앙은행이 다른 나라 중앙은행보다 돈을 더 많이 풀어 달러 가치가 하락했습니다.(이에 대해서는 뒷부분의 〈환율전쟁〉에서 자세히 살펴보겠습니다.)

2020년 하반기부터 미국 경제가 빠른 속도로 회복되고 2021년에는 물가상승률도 높은 수준을 유지하고 있습니다. 그래서 연준이 양적 완화를 축소(테이퍼링이라고 합니다)하고, 금리를 올릴 것이라는 전망이 나오고 있습니다. 연준이 금리를 올리면(다른 나라는 유지 가정) 미국으로 돈이 들어가고 달러 가치가 오르게 됩니다.

재정정책도 환율에 영향을 줍니다. 미국 정부가 다른 나라 정부보다 지출을 늘리면 미국 경제성장률이 다른 나라보다 상대적으로 더 높아집니다. 그렇게 총수요 곡선이 오른쪽으로 이동하고 미국 물가가 더 오릅니다. 미국 물가가 오르면 달러 가치는 환율 결정의 기본 요인에서 살펴본 것처럼 떨어지게 됩니다.

> **달러가치의 변동이 원/달러 환율에 가장 중요한 영향을 줍니다**

지금까지 환율 변동요인을 구분하여 살펴보았습니다. 우리나라 국제수지가 흑자가 날 때, 물가상승률이 미국보다 상대적으로 낮을 때, 우리 금리가 미국 금리보다 높을 때 원화 가치가 상승합니다. 이외에 심리적 요인이나 각국의 통화·재정정책도 환율에 영향을 줍니다.

그러나 환율에 대해 가장 크게 영향을 주는 것은 상대국의 통화 가치입니다. 원/달러 환율은 달러로 표시되기 때문에 달러 가치가 어떻게 되는냐가 중요한 것입니다. 즉, 달러 가치가 오르면 상대적으로 원화 가치는 떨어집니다. 이때 원/달러 환율이 상승한다는 것입니다. 반대로 달러 가치가 떨어지면 원화 가치는 오릅니다.

그러면 달러 가치의 변동은 어디서 볼 수 있을까요? 블룸버그 등을 통해 달러지수를 볼 수 있습니다. 그런데 이는 선진국 통화에 대한 달러 가치의 변동입니다. 유로화가 가중치의 절반 이상을 차지하고 있습니다.

우리나라는 아직 신흥시장에 편입되어 있습니다. 그래서 신흥시장에 대한 달러 가치의 변동이 더 중요합니다. 미국 세인트루이스 연방은행 홈페이지에 들어가면 선진국 통화에 대한 달러지수뿐만

◀ **미 달러지수** ▶

자료: 세인트루이스 연방은행

아니라 신흥시장에 대한 달러지수 도 일간, 주간, 월간 데이터를 볼 수 있습니다. 다음 그림의 마지막

선진국 통화 달러지수 및 신흥시장 달러지수(일간, 주간, 월간 데이터)

부분에서 신흥시장에 대한 달러지수를 찾을 수 있습니다.

달러지수와 원/달러 환율의 관계를 보면 그림과 같습니다. 여기서 달러지수는 2006년 1월을 100 기준으로 작성한 것입니다. 이 지수가 올라가면 달러 가치가 상승했다는 의미이고, 반대로 지수가 떨어지면 달러 가치가 하락했다는 것입니다. 우리나라 원/달러 환율은 선진국 달러지수보다는 신흥신장 달러지수와 상관관계가 좀 더 높게 나타나고 있습니다. 2010년 1월에서 2021년 7월 통계로 분

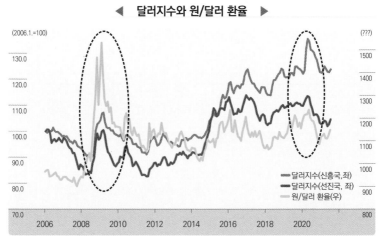

◀ **달러지수와 원/달러 환율** ▶

자료: 한국은행, 세인트루이스 연방은행

석해보면 원/달러 환율과 신흥시장 달러지수의 상관계수가 0.47로 선진국 달러지수의 0.44보다 조금 더 높습니다.

이 그림에서 한가지 꼭 봐야 할 것은 글로벌 금융시장이 불안하거나 위기가 왔을 때 달러지수가 급등하는데, 선진국보다는 신흥시장에 대한 지수가 변동성이 훨씬 더 큽니다. 그 이유는 미 달러가 최고의 안전자산으로 여겨지고, 글로벌 금융위기나 경제위기 때 선진국보다는 신흥시장에서 더 많은 돈이 빠져나와 미국으로 가기 때문입니다. 2008년 금융위기 때는 원/달러 환율이 일시적으로 1,500원이 넘을 정도로 급등했으나, 2020년 코로나19로 인한 경제위기 시기에는 원/달러 환율이 상대적으로 안정되었습니다. 2020년 세계경제가 -3.1%(IMF 기준) 성장으로 1930년대 대공황 이후 가장 큰 폭의 마이너스 성장을 기록했으나, 한국경제는 -0.9% 성장으로 상대적으로 코로나19 영향을 덜 받았기 때문이었습니다.

앞으로 달러 가치 전망에 따라 원/달러 환율의 예상도 달라질 수 있습니다. 저는 미국의 대내외 불균형이 심화하고 있기 때문에 장기적으로는 달러 가치가 하락하고 원화 가치는 상승할 것으로 내다보고 있습니다. 다음은 이와 관련해서 제가 한 신문(내일신문, 2021.3.11.)에 기고한 글입니다.

달러가치 하락세 지속 가능성 높다

지난해 주요국 통화에 비해 7% 하락했던 달러 가치가 올해 들어 소폭 상승하고 있다. 그러나 미국 경제 상황을 고려하면 중장기적으로 미국 물가가 오르고 달러 가치는 더 하락할 가능성이 높아 보인다.

달러 유효수요 창출하면서 세계 경제성장에 기여

『리오리엔트』*라는 책을 쓴 안드레 군더 프랑크는 수입을 하고 싶은데 수출할 상품이 없을 때 발생하는 무역적자를 '정산'하는 데 화폐가 쓰였다고 했다. 현재 미국 달러가 미국인에게 그런 화폐 역할을 하고 있다. 미국은 20센트 정도의 비용을 들여 100달러 지폐를 만들고 그 지폐로 상품을 수입하고 있는 것이다.

> * 안드레 군더 플랑크 지음 (이희재 옮김), 『리오리엔트 (원제: ReORIENT)』, 이산 (2003)

　프랑크는 "화폐는 세계를 돌면서 세계를 돌게 한다."고도 했다. 1970년대 이후로 달러가 세계를 돌게 하는 윤활유 역할을 해오고 있다. 세계경제가 지속적으로 성장하고 인구도 증가하고 있는 추세다. 이에 따라 각종 거래도 계속 늘어나고 있다. 금을 포함한 상품화폐로는 이 거래를 충족시킬 수 없었다. 그래서 새로운 신용 화폐가 필요했고, 달러가 등장한 것이다. 미국은 달러를 찍어내 세계경제성장과 인구 증가에 따른 거래 증가를 충족시켜준 셈이다.

또한 화폐는 그 속성상 유효수요를 지원하고 창출한다. 이 수요가 다시 공급을 유발한다. 실제로 달러는 미국뿐만 아니라 세계 유효수요를 창출했다. 미국 가계가 싼 비용을 들여 만든 달러로 소비를 늘렸다. 이는 중국의 생산 증가를 초래했다.

미국이 달러를 대량으로 찍어내면서 소비했는데도, 물가가 오르지 않은 이유는 중국이 달러를 흡수해주었기 때문이다. 화폐와 물가의 관계를 설명하는 대표적 경제 이론이 '화폐수량설'이다. 미국의 경제학자 어빙 피셔(Irving Fisher)는 'MV = PT'라는 교환방정식에 의해 화폐공급과 물가의 관계를 분석했다. 여기서 M은 화폐수량, V는 화폐유통속도, P는 물가수준, T는 거래량이다. 화폐유통속도와 거래량이 일정하면 통화가 증가한 만큼 물가는 오른다.

그런데 1980년을 기점으로 세계 물가상승률이 떨어졌고 특히, 2000년대 들어서는 '디스인플레이션' 시대라 할 만큼 물가가 안정되었다. 가장 중요한 이유는 중국의 높은 경제성장으로 거래량이 증가했기 때문이다. 중국의 거래량 증가로 달러가 흡수되어 물가가 안정된 셈이다. 실제로 중국이 세계무역기구(WTO)에 가입했던 2001년에서 2020년까지 중국의 대미 무역흑자는 5조 4,549억 달러였고, 이 가운데 3조 2천억 달러 정도가 중국의 외환보유액으로 잠겼다.

그러나 2008년 글로벌 금융위기와 2020년 코로나19 경제위기를 거치면서 달러 발행이 급증했다. 2007년 말 8,372억 달러였던 미국의 본원통화가 2020년 말에는 5조 2,066억 달러로 6.2배나 늘었다. 문제는 그만큼 거래량이 수반되기 어렵다는 데 있다. 10% 안팎 성장했던 중국의 경제성장률이 앞으로 4~5%로 떨어지고, 중국 인민은행의 외환보유액 다변화로 달러 비중을 줄일 것이기 때문이다. 미국 경제성장률도 중장기적으로 2% 안팎의 성장에 그쳐 풀린 통화를 흡수할 수 없을 것이다. 화폐 유통속도가 하락하면서 급격한 인플레이션은 초래하지 않겠지만 거래량 증가를 수반하지 않은 통화 증가는 물가 상승으로 이어질 가능성이 높다. 미국의 물가가 상승하면 달러 가치가 하락하고 이는 다시 물가 상승을 초래할 것이다.

미국의 대내외 불균형 확대

다음 그림은 주요 선진국 통화에 대한 달러 가치의 장기 추이를 보여준다. 우선 달러 가치는 1973년 이후 추세적으로 하락하는 모습을 보이고 있다. 두 번에 걸쳐 달러 가치가 급락한 경험이 있었다.

첫 번째는 1985년 2월에서 1992년 8월 사이인데, 이 시기에 달러 가치가 51%(월말 기준)이나 하락했다. 1985년 9월 플라자합의가 달러 가치 급락을 초래했다. 두 번째 달러 가치 하락 기간은 2002년 2월부터 2008년 3월까지인데, 이때 40% 떨어졌다. 정보통신 거품 붕괴로 미국 경제가 진통을 겪었던 시기였다.

2017년 이후 달러 가치가 3차 하락국면에 접어든 것으로 판단된다. 달러 가치의 가장 중요한 원인은 세계경제에서 미국 비중의 축소에 있다. 국제통화기금(IMF) 통계에 따르면 2016년 미국 GDP가 세계에서 차지하는 비중이 24.7%였다. 그러나 2019년에는 24.5%

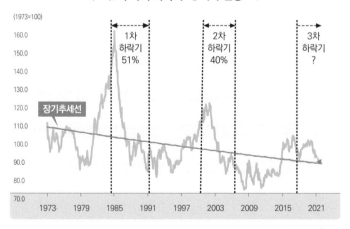

◀ **달러 가치 하락 추세 지속 전망** ▶

자료: 블룸버그

로 소폭 하락했고, IMF는 2025년에는 미국 비중이 22% 정도까지 줄어들 것으로 내다보고 있다. 미국 비중 축소는 달러 가치 하락을 의미한다.

미국경제에 누적되고 있는 대내외 불균형이 달러 가치 하락 요인이다. 2008년 금융위기 이후 미국 정책당국이 통화 및 재정정책을 적극적으로 운용하면서 경제위기를 극복하고 있지만, 미국의 대내외 부채가 급증하고 있다. 2007년 국내총생산(GDP)대비 62.9%였던 미 연방정부의 총부채가 2012년부터는 100%를 넘어섰고, 2020년 2분기에는 135.6%에 이르렀다. 2008년 금융위기 원인이었던 가계와 기업을 포함한 민간부채도 2012년 GDP의 191.4%에서 2020년 2분기에는 240.2%로 역시 사상 최고치까지 급증했다.

대외 부문에서도 불균형이 확대되고 있다. 2020년 2분기 GDP 대비 경상수지 적자가 3.4%로 2008년(4.3%)년 이후 가장 높았다. 이에 따라 미국의 대외 부채가 크게 증가하고 있는데, 2020년 3분기 GDP 대비 대외 순부채 비율이 65.9%로 2008년 27.2%에 비해 껑충 뛰었다.

금리 상승이나 달러 가치 하락을 통해 이런 대내외 불균형이 해소될 수 있다. 인플레이션 예상으로 시장금리는 상승하겠지만 미 연준이 '평균물가목표제'를 도입하기로 한 만큼 당분간 연방기금금리 인상은 최대한 자제할 것이다. 달러가치 하락을 통해 대내외 불균형이 해소될 수밖에 없는 이유이다.

역사상 세 번째 달러가치 하락국면 진입?

기본적으로 미국의 경상수지 적자가 늘고 대외 부채가 증가하는 이유는 미국 민간부분이 저축보다 투자를 더 많이 하고, 정부는 세수를 넘어선 지출을 하고 있기 때문이다. 미국의 경상적자가 줄어들려면 미국 가계가 저축을 늘리거나(기업이 투자를 줄이거나), 정부가 재정수지 흑자를 내야 한다. 경제가 어려운 상황에 있기 때문에 정부가 긴축 정책으로 전환할 가능성은 매우 낮다. 결국 달러가치 하락을 통해 미국의 소비가 줄거나 투자가 감소하면서 미국의 대외 불균형이 점차 축소될 것으로 내다본다.

남은 문제는 달러가치 하락 기간과 정도에 있다. 우선 IMF가 2025년까지 세계경제에서 미국 비중 축소를 예상하고 있는 만큼, 그때까지 달러가치는 하락할 가능성이 높다. 다음으로 하락 폭은 각국 중앙은행의 외화자산 배분에 영향을 받을 것이다. IMF에 따르면 2000년에 세계 중앙은행이 보유하고 있는 외환은 1조 9,359억 달러였는데, 2020년 3분기에는 12조 2,545억 달러로 크게 늘었다.

이중 달러가 차지하는 비중은 같은 기간에 71.1%에서 60.5%로 줄

었다. 이런 추세는 앞으로도 더 지속될 전망이다.

　또한 세계 최대의 외환보유국인 중국이 달러를 줄이고 그 대

신 금을 얼마나 늘리는가도 달러 가치에 영향을 줄 것이다. 중국은

2020년 12월 말 현재 3조 2,164억 달러의 외환을 보유하고 있다. 세

계금협회에 따르면 중국은 금을 770억 달러 가지고 있다. 외환보유

액 중 2.5%이다. 유럽 주요국의 외환 가운데 금 비중이 60~70%이

고 러시아도 19%이다. 중국이 앞으로 금 보유를 더 늘릴 가능성이

높다. 물량 기준으로 보면 중국이 2020년 말 현재 1,948톤의 금을

보유하고 있는데, 이는 2000년 395톤에 비해 4.9배가 늘어난 수준

이다. 상황에 따라서는 중국이 미 국채를 매각하고 금을 대량 매입

할 가능성도 배제할 수 없다.

　이런 미국의 대내외 상황을 고려하면 달러 가치는 더 떨어지고,

상대적으로 중국 위안과 한국의 원 가치는 오를 가능성이 높아 보

인다.

다음은 앞에서 살펴본 환율 결정요인을 고려하며 '파이낸셜뉴스'(2021.10.18.)에 기고한 글입니다.

참고 원 가치 더 떨어지기 힘든 이유

최근 외환시장에서 원/달러 환율이 1,200원에 근접할 정도로 오르고 있으나, 환율을 결정하는 요인을 고려하면 중장기적으로 원화 가치가 상승할 가능성이 높다.

원/달러 환율에 영향을 주는 거시경제변수는 미국 달러, 중국 위안, 한미 금리차이, 경상수지 등이다. 하나씩 살펴보자. 첫째, 올해 들어 달러 가치가 오르면서 원 가치가 떨어졌다. 당분간 글로벌 금융시장 불안으로 달러 가치가 더 오를 수 있다. 그러나 미국의 대외불균형이 심화하고 있다. 올해 6월 말 현재 미국의 대외순자산이 마이너스(-) 15조 4,200억 달러로 2010년(-2조 5,100억 달러)에 비해 6배나 급증했다. 같은 기간 국내총생산(GDP)대비로도 17%에서 68%로 크게 늘었다. 외국인이 미국 주식이나 채권을 사주면서 대외불균형이 유지되고 있다. 그러나 이들 가격이 거품 영역에 있는 만큼 미국 증권시장으로 과거처럼 외국인 투자자금이 많이 들어오지는 않을 것이다. 또한 올해 들어 10월 15일까지 신흥국 통화에 비해 달러 가치가 3% 상승한 데 그쳤는데, 원화 가치가 9% 하락한 것은 과도한 시장 반응이라 할 수 있다.

둘째, 중국 위안과 원의 관계이다. 2010년 이후로 원/달러 환율은 위안/달러 환율과 거의 같은 방향으로 움직이고 있다. 한국 수출 가운데 중국 비중이 25%에 이를 만큼 한국 경제의 중국 의존도가 높아졌기 때문이다. 국제결제은행도 원화의 실질실효환율을 계산할 때 중국 비중을 33%로 미국(14%)보다 훨씬 높게 두고 있다. 중국의 위안 가치가 올해 들어 1% 상승했는데도 원화 가치가 큰 폭으로 하락한 것은 이해하기 힘든 일이다. 중장기적으로 중국이 수출보다는 소비 중심으로 성장할 것이기 때문에 위안 가치는 더 오를 전망이다.

셋째, 한미 금리차이다. 돈이라는 게 눈이 있어서 수익률이 높은 데로 이동한다. 한국의 명목금리가 미국보다 높다. 더욱이 원/달러 환율에 영향을 주는 실질금리는 한국이 미국보다 훨씬 더 높은 수준을 유지하고 있다. 10년 만기 국채수익률에서 소비자물가상승률을 뺀 것을 실질금리라 하면 지난 9월 한국이 −0.4%로 미국(−4.0%)보다 3.6% 포인트나 높았다. 앞으로도 상당 기간 미국의 물가상승률이 고공 행진을 할 것이기 때문에 한국의 실질금리가 미국을 웃돌 것이다.

넷째, 한국의 경상수지도 흑자를 기록하고 있다. 올해 들어 8월까지 경상수지 흑자가 601억 달러로 지난해 같은 기간(327억)에 비해 거의 2배 늘었다. 최근 국제통화기금(IMF)이 발간한 '세계경제전망' 보고서를 보면 올해 한국의 경상수지 흑자가 GDP의 4.5%에 이르고 내년에도 4.2%로 높은 수준을 유지할 것으로 나타났다. 미 재무부는 매년 4월과 10월에 '주요 교역상대국의 거시경제·환율 정책 보고서'를 작성하는데, 여기서 교역상대국의 경상수지 흑자가 2%를 넘으면 환율조작국 대상으로 지정할 수 있게 했다. 우리 경상수지 흑자가 이 기준을 초과하고 있다.

이런 원/달러 환율의 결정 요인을 고려하면 중장기적으로 원화 가치가 오를 것으로 내다보인다.

◀ **오늘의 환율** ▶

매매기준율

기준일 : 2021년 11월 05일

통화명	환율(원)	전일대비
미 달러화 (USD)	1,180.00	1.10 ▼
위안화 (CNH)	184.40	0.15 ▼

재정된 매매기준율

통화명	환율(원)	전일대비	Cross Rate
일본 엔화 (JPY) (100)	1,036.54	0.76000 ▲	113.84000 (US$)
유로화 (EUR)	1,363.14	8.47000 ▼	1.15520 (US$)
영국 파운드화 (GBP)	1,593.53	23.75000 ▼	1.35045
캐나다 달러화 (CAD)	947.45	6.36000 ▼	1.24545
스위스 프랑화 (CHF)	1,293.01	2.84000 ▼	0.91260
호주 달러화 (AUD)	873.55	7.43000 ▼	0.74030 (US$)
뉴질랜드 달러화 (NZD)	838.27	8.46000 ▼	0.71040 (US$)
홍콩 달러화 (HKD)	151.60	0.14000 ▼	7.78375
대만 달러화 (TWD)	42.31	0.20000 ▼	27.88900
몽골 투그릭화 (MNT)	0.41	0	286.15000
카자흐스탄 텡게화 (KZT)	2.75	0	429.50000
태국 밧화 (THB)	35.40	0.07000 ▼	33.33500
싱가포르 달러화 (SGD)	873.33	3.02000 ▼	1.35115
인도네시아 루피아화 (IDR) (100)	8.23	0.03000 ▼	14,337.50000
말레이시아 링깃화 (MYR)	284.10	0.26000 ▼	4.15350
필리핀 페소화 (PHP)	23.28	0.06000 ▼	50.69000
베트남 동화 (VND) (100)	5.20	0.01000 ▲	2,268.50000
브루나이 달러화 (BND)	873.33	3.02000 ▼	1.35115
인도 루피화 (INR)	15.85	0.02000 ▼	74.46900
파키스탄 루피화 (PKR)	6.94	0	170.02500
방글라데시 타카화 (BDT)	13.77	0.02000 ▼	85.72000
멕시코 페소화 (MXN)	57.43	0.06000 ▼	20.54800
브라질 헤알화 (BRL)	210.60	2.08000 ▼	5.60315
아르헨티나 페소화 (ARS)	11.81	0.02000 ▼	99.91500
스웨덴 크로나화 (SEK)	137.37	1.05000 ▼	8.58980

덴마크 크로네화 (DKK)	183.28	1.12000 ▼	6.43815
노르웨이 크로네화 (NOK)	137.91	1.12000 ▼	8.55610
러시아 루블화 (RUB)	16.52	0.05000 ▲	71.44875
헝가리 포린트화 (HUF)	3.79	0.03000 ▼	311.65000
폴란드 즈워티화 (PLN)	296.13	3.08000 ▼	3.98480
체코 코루나화 (CZK)	53.75	0.05000 ▼	21.95200
사우디아라비아 리얄화 (SAR)	314.57	0.29000 ▼	3.75110
카타르 리얄화 (QAR)	322.65	0.45000 ▼	3.65720
이스라엘 셰켈화 (ILS)	379.57	0.73000 ▲	3.10875
요르단 디나르화 (JOD)	1,664.32	1.55000 ▼	0.70900
쿠웨이트 디나르화 (KWD)	3,910.52	4.82000 ▼	0.30175
바레인 디나르화 (BHD)	3,129.97	2.92000 ▼	0.37700
아랍에미리트 디르함화 (AED)	321.25	0.30000 ▼	3.67315
터키 리라화 (TRY)	121.64	0.81000 ▼	9.70040
남아프리카공화국 랜드화 (ZAR)	77.55	0.20000 ▲	15.21555
이집트 파운드화 (EGP)	75.16	0.07000 ▲	15.70000

[**엔이나 유로 등에 대한 원화환율은 재정환율에 의해 결정됩니다**]

원/달러 환율은 앞서 살펴본 환율 결정 요인에 따라 외환시장이 서는 동안(오전 9시에서 오후 3시 30분)에 시시각각 변동합니다. 원/위안 환율도 마찬가지입니다. 그러나 우리 외환시장에서 유로나 엔 등이 거래되는 시장은 없습니다. 그래서 이들에 대한 원화 환율은 재정환율(arbitrage rate)에 의해서 결정됩니다.

재정환율을 결정할 때 우선 기준환율이 있어야 합니다. 우리나라에서 기준 환율은 원/달러 환율입니다. 재정환율을 고려하기 위해서는 기준 통화(여기서 달러화)와 제3국 통화의 환율이 필요합니다. 이를 크로스레이트(cross rate)라 합니다.

이제 구체적 예를 들어서 설명해보겠습니다. 2021년 11월 5일 기준으로 국내 외환시장에서 원/달러 환율이 1,180.00원이었습니다. 일본 엔화에 원화의 재정환율을 구하기 위해서 크로스레이트을 알아야 하는데, 뉴욕 외환시장에서 엔/달러 환율이 113.84엔이었습니다. 그러면 원/엔 환율은 1,180.00을 113.84로 나눈 10.3654원입니다. 원/엔 환율은 관습상 100엔 당으로 표시되기 때문에 원/100엔 환율은 1036.54원이 되는 것입니다.

원/유로화 재정환율에 대해서도 알아보겠습니다. 앞의 예와 마찬가지로 기준환율은 원/달러 환율로 1,180.00원이고, 같은 날 크로스레이트는 1유로당 1.15520달러입니다. 1달러당 0.865651유로인 것입니다. 따라서 원/유로 환율은 1,180.00을 0.865651로 나눈 값인 1363.14원이 되는 것입니다. 이런 식으로 매일 재정환율을 계산해서 매일 발표합니다.

서울외국환중개에서
고시한 〈오늘의 환율〉

> **외국환은행에서
> 다른 나라 통화를 사고팔 때
> 수수료를 지불해야 합니다**

우리가 미국 여행을 간다거나 미국에서 유학중인 자녀에게 송금을 할 때 달러가 필요합니다. 이때 은행은 고객에게 일정 수수료를 부과합니다. 다음 표는 2021년 8월 9일

고시기준일 : 2021-08-09 고시회차 : 227회차 고시적용시간 : 19:12:00 [조회시각 : 2021-08-09 19:57:30]

통화	현찰 살 때	현찰 살 때 (Spread)	현찰 팔 때	현찰 팔 때 (Spread)	송금 보낼 때	송금 받을 때	외화수표 팔 때	매매 기준율	환가료율	미화 환산율
미국 USD	1,166.05	1.75	1,125.95	1.75	1,157.20	1,134.80	1,134.19	1,146.00	1.94513	1.0000
일본 JPY (100)	1,058.55	1.75	1,022.15	1.75	1,050.54	1,030.16	1,029.67	1,040.35	1.90283	0.9078
유로 EUR	1,374.22	1.99	1,320.60	1.99	1,360.88	1,333.94	1,333.42	1,347.41	1.39229	1.1758
중국 CNY	185.78	5.00	168.10	5.00	178.70	175.18	0.00	176.94	4.82200	0.1544
홍콩 HKD	150.13	1.97	144.33	1.97	148.70	145.76	145.69	147.23	2.02500	0.1285
태국 THB	36.00	5.00	32.24	6.00	34.63	33.95	33.93	34.29	2.55500	0.0299
대만 TWD	46.57	13.10	38.30	7.00	0.00	0.00	0.00	41.18	2.34500	0.0359
필리핀 PHP	25.03	10.00	20.90	8.20	22.98	22.54	0.00	22.76	3.82400	0.0199
싱가포르 SGD	862.05	1.99	828.41	1.99	853.68	836.78	836.32	845.23	2.25500	0.7375
호주 AUD	858.37	1.97	825.21	1.97	850.20	833.38	832.91	841.79	2.05500	0.7345
베트남 VND (100)	5.59	11.80	4.41	11.80	5.05	4.95	0.00	5.00	3.47500	0.0044
영국 GBP	1,622.68	1.97	1,560.00	1.97	1,607.25	1,575.43	1,574.55	1,591.34	2.02975	1.3886
캐나다 CAD	931.68	1.97	895.70	1.97	922.82	904.56	903.98	913.69	2.31500	0.7973

자료 : KEB하나은행

20시 무렵 한 은행이 공시한 내용의 일부입니다. 원/달러 기준환율은 1,146.00입니다. 그런데 달러를 살려면 1,166.05원을 내야 합니다. '현찰 사실 때 스프레드가 1.75'라고 적혀 있는데, 이것이 은행이 받는 수수료가 1.75%인 것입니다. 개인이 이 은행에 달러를 팔 때도 기준환율보다 1.75% 싼 1,125.95입니다. 송금하거나 송금받을 때는 그 수수료(여기서는 0.98%)가 좀 더 쌉니다. 현찰을 사고 팔 때는 은행원의 손이 필요하지만, 송금할 때는 그런 수고가 덜 하기 때문입니다.

마지막 칼럼에 환가료율이 나옵니다. 이는 외국환을 사고팔 때 외국환은행이 자금 부담에 따른 이자 성격으로 고객에게 징수하는 일종의 수수료입니다. 외국환은행이 수출환어음을 매입할 때 고객에게 어음 금액을 즉시 지급하지만, 수출환 어음을 매입한 은행에 대해서는 해당 어음을 외국은행에 보내 상환 받기까지 상당한 시일이 소요됩니다. 그래서 고객에 대한 지급일로부터 상환 받는 날까지의 기간에 발생하는 이자부담을 고객에게 징수하게 되는데, 이를 환가료율이라 합니다.

스프레드나 환가료율은 은행에 따라 약간 차이가 있을 수 있으며, 같은 은행에서도 거래실적이나 신용 등에 따라 달라집니다.

[외화예금도
넣어야 할까요?]
한국은행에서 매월 '거주자외화예금 동향'을 발표합니다. 다음 표는 2021년 6월 통화별 거주자외화예금 잔액입니다. 이에 따르면 외화예금 총액은 930억 달러입니다. 이중 달러 예금이 805억 달러로 86.5%를 차지하고 있습니다. 그다음에 엔화(5.8%), 유로화(4.4%), 위안화(1.5%) 순서로 비중이 높습니다.

(기말기준, 억 달러)

| | 2017년 | 2018년 | 2019년 | 2020년 | 2021년 | | | B − A |
					5월(A)	6월(B)[1]		
미달러화	707.9	633.0	687.8	800.4	819.5	804.6	〈86.5〉	−14.9
엔화	57.9	43.5	44.5	54.4	54.6	54.2	〈5.8〉	−0.4
유로화	34.5	34.6	32.9	47.1	42.3	41.0	〈4.4〉	−1.3
위안화	11.2	14.1	14.2	19.8	14.4	14.2	〈1.5〉	−0.2
기타통화[2]	18.8	19.4	15.0	20.3	16.5	16.4	〈1.8〉	−0.1
합계	830.3	744.6	794.4	942.0	947.3	930.4	〈100.0〉	−16.9

주 : 1) 〈 〉내는 비중(%) 2) 영국 파운드화, 호주 달러화 등   자료: 한국은행

◀ **주체별 거주자외화예금 잔액** ▶

(기말기준, 억 달러)

| | 2017년 | 2018년 | 2019년 | 2020년 | 2021년 | | | B − A |
					5월(A)	6월(B)[1]		
기업	669.5	596.0	619.9	743.9	746.6	732.1	〈78.7〉	−14.5
개인	160.8	148.6	174.5	198.1	200.7	198.3	〈21.3〉	−2.4
합계	830.3	744.6	794.4	942.0	947.3	930.4	〈100.0〉	−16.9

주 : 1) 〈 〉내는 비중(%)   자료: 한국은행

　　주체별로 보면 2021년 6월 930억 달러 외화예금 중 기업이 732억 달러(78.7%)를 가지고 있습니다. 가계는 198억 달러의 외화예금을 보유하고 있습니다.

개인 차원에서 외화예금을 해야 할까요? 우선 금리 측면에서 보면 대부분 은행에서 미 달러, 유로화, 일본 엔화에 대한 1년 만기 정기예금금리가 0%입니다. 이자가 없다는 것입니다. 중국 위안화에 대해서는 은행에서 1% 안팎의 금리를 주고 있습니다. 환율 변동이 없다면 외화예금을 할 필요가 없다는 것입니다.

그러나 환율은 늘 변동합니다. 특히 글로벌 금융시장이 불안해질 때는 달러 가치가 오릅니다. 이런 의미에서 가계 자산의 일부를 달러 예금으로 가지고 있을 필요가 있습니다. 그러나 이 책의 〈중장기적으로 위안화 가치가 오를 가능성이 높습니다〉 부분의 내용에서처럼 미국 경제의 불균형 해소 과정에서 달러 가치는 장기적으로 하락할 가능성이 높습니다. 금리가 0%인 것을 고려하면 달러 예금을 오래 보유할 필요가 없다는 뜻입니다. 반면에 중국 경제가 소비 중심으로 성장하면서 중장기적으로 위안 가치는 상승할 것으로 내다봅니다. 외화예금을 한다면 현재보다 달러 비중을 약간 줄이고 그만큼 위안화 비중을 늘리는 게 좋을 것 같습니다.

ETF 등으로도 달러에 투자할 수 있습니다

앞서 살펴본 것처럼 외화예금이나 적금으로 달러나 다른 통화에 투자할 수 있습니다. 이 외에도 달러에 투자하는 방법이 몇 가지 있습니다. 우선 국내 주식시장에 상장된 달러 ETF(상장지수펀드)입니다. 이는 달러 선물을 기초로 만든 상품인데, KODEX 미국달러선물과 KOSEF 미국달러선물 등이 상장되어 있습니다. 이들은 증권사에 계좌를 가진 고객이 개별 종목을 사고파는 것처럼 똑같이 매매할 수 있습니다.

이 외에 미국 주식시장에 상장되어 있는 달러 ETF로 달러 투자를 할 수 있습니다. 물론 이 경우에는 증권사에서 해외주식 거래가 가능한 계좌를 만들어야 합니다. 또한 미국 주식이나 채권을 사면서 간접적으로 달러 투자를 할 수 있는 것입니다. 2021년에 미국 주가와 달러 가치가 올랐기 때문에 미국 투자를 했다면 주식에서 이익을 내고 환차익까지 얻을 수 있었습니다.

환율이 거시경제 변수에
미치는 영향

앞에서 환율의 결정 요인을 살펴보았습니다. 이렇게 결정된 환율은 여러 가지 거시경제변수에 다시 영향을 줍니다. 원/달러 환율이 변동했을 때 주요 거시경제에 주는 영향을 다음 장의 표와 같이 요약해볼 수 있습니다.

원화가치가 상승하면 수출은 줄고 기업 채산성은 악화됩니다

우선 환율이 수출에 미치는 영향을 살펴보겠습니다. 원화 가치가 상승하면 시차를 두고 수출이 줄어들게 됩니다. 쉽게 수치로 예를 들어보겠습니다. 원/달러 환율이 1,150원에서 1,050원

◀ 환율 변동이 거시경제변수에 미치는 영향 ▶

	환율하락 (통화가치 상승)	환율상승 (통화가치 하락)
수출	수출채산성 악화 (수출 감소)	수출채산성 호전 (수출 증가)
수입	수입상품 가격의 하락 (수입 증가)	수입상품 가격의 상승 (수입 감소)
국내물가	수입원자재 가격 하락 (물가안정)	수입원자재 가격 상승 (물가상승)
외자도입기업	원화환산 외채 감소 (원금상환부담 경감)	원화환산 외채 증가 (원금 상환부담 증가)

으로 하락했다고 가정합니다. 이 경우 미국인 입장에서는 1달러로 환율 변동 이전에 우리 상품 1,150원어치를 가져갔으나, 이제는 1,050원어치 가져갈 수 있습니다. 미국인 입장에서 보면 우리 상품 가격이 상대적으로 비싸지는 것입니다. 그러면 우리 상품을 덜 수입해갑니다. 물론 시차가 있습니다. 우리 상품 가격이 비싸졌다고 당장 다른 상품으로 대체할 수는 없기 때문입니다.

원화 가치가 상승할 경우 우리 수출 기업의 채산성이 악화됩니다. 시차를 두고 수출이 줄어들 뿐만 아니라 원화로 표시된 매출액이나 영업이익이 줄어들기 때문입니다. 예를 들면 어떤 수출기업이 1억 달러를 수출을 했을 경우 원/달러 환율이 1,150원이면 원화 표시 매출액은 1,150억 원입니다. 그러나 원/달러 환율이 1,050원으로 하락했다면 매출액은 1,050억 원으로 100억 원이 줄어들게 됩니다.

이와는 달리 환율이 오를 경우 수출은 늘어나고 기업의 채산성은 개선되게 됩니다.

수입의 경우는 환율 변동에 따라 수출과 반대의 영향을 받게 됩니다. 원/달러 환율이 1,150원에서 1,050원으로 떨어졌을 경우 수입은 증가합니다. 미국과의 무역을 생각해보면 1달러의 상품을 이전에는 1,150원에 수입했으나, 이제는 같은 상품을 1,050원에 구입할 수 있기 때문입니다.

원화가치가 상승할 경우 긍정적 영향을 받는 기업도 있습니다

원화 가치가 상승하면, 즉 원/달러 환율이 하락하면 국내 물가가 하락하게 됩니다. 앞의 예에서 보았던 것처럼 원/달러 환율이 하락하면 최종 재화뿐만 아니라 중간재와 원자재를 싸게 수입할 수 있습니다. 이 경우 수입물가가 떨어지게 됩니다. 이는 결국 소비자물가 안정 요인으로도 작용합니다. 최종재를 싸게 구입할 수 있을 뿐만 아니라 국내에서 상품을 생산하는 데 들어가는 중간재나 원자재 가격을 내리기 때문입니다.

원화 가치 상승이 수출기업의 채산성을 악화시킵니다만, 이때 이익이 되는 기업도 있습니다. 예를 들면 일부 항공회사들입니다. 우리나라 어떤 항공회사는 회사채를 발행할 때 달러 표시 사채를 많이 발행했습니다. 원/달러 환율이 떨어지면 이 회사의 원리금 상환 부담이 줄어들게 됩니다. 또한 환율이 하락하면 항공회사는 기름을 더 싸게 살 수 있습니다. 여기다가 원화 가치가 상승하면 우리나라 사람들이 해외여행을 더 많이 가게 됩니다. 이렇게 환율이 하락할 경우 항공회사는 비용이 줄어들 뿐만 아니라 여행 수요가 늘어 매출이 늘어납니다. 그래서 환율이 하락하는 시기에 일부 항공회사 주가가 오릅니다.

환율이 개인에게
미치는 영향

환율은 개인의
생활이나 투자에도
영향을 미칩니다
자녀 유학을 보낸 학부모는 늘 환율에 관심을 가질 수밖에 없습니다. 환율 변동에 따라 보내는 원화 기준의 돈이 달라지기 때문입니다. 예들 들어 분기마다 미국에 유학 중인 자녀에게 2만 달러를 보내야 하는 학부모가 있다면, 원/달러 환율이 1,150원이면 2,300만 원이 들어갑니다. 그러나 환율이 1,050원으로 떨어졌다면 2,100만 원만 보내면 되기 때문에 200만 원이 절약되게 됩니다. 그래서 학부모는 원화 가치 상승을 바랍니다. 개인이 해외여행 갈 때도 원화 가치가 상승한 만큼 여행을 싸게 할 수 있습니다.

최근 증권시장에서는 '서학개미'라는 말이 유행합니다. 우리 개인이 과거와는 달리 미국 주식을 많이 사고 있다는 것입니다. 미국 주식에 대한 투자는 환율에도 영향을 받습니다. 이 경우 원/달러 환율이 상승하면(원화 가치가 하락하면) 환차익까지 생겨 투자수익률이 더 올라갑니다. 원/달러 환율이 1,050원에서 1,150원으로 올라가면 주식투자수익률에 9.5% 수익을 더 낼 수 있습니다. 그러나 반대의 경우, 즉 원화 가치가 상승하면 그만큼 환손실을 볼 수 있습니다. 그래서 일부 기관투자가들은 해외 주식을 살 때 환헤지를 하기도 합니다. 이때 역시 상당한 비용이 들어갑니다.

일본의 '와타나베' 부인과 한국의 '김씨' 부인에게는 환율이 중요합니다

1990년대 들어서면서 거품이 붕괴되고 일본 경제가 구조적으로 저성장과 저금리 국면에 접어들게 됩니다. 이 가운데 일본 기업이 투자를 줄였습니다. 그래서 일본의 저축이 투자보다 훨씬 더 많아졌습니다. 경상수지 흑자가 늘고 돈이 남아돈 것입니다.

그런데 일본 금리가 거의 0%에 가깝게 떨어지자 일본 개인들의 돈이 금리가 높은 해외로 나가기 시작했습니다. 또한 대출금리가 낮아져 일부 개인들은 일본 은행에서 돈을 빌려 금리가 높은 해외 채권을 사기도 했습니다. 일본에서 낮은 금리로 엔화를 빌려 외화로 환전한 뒤 해외의 고금리 자산에 투자하는 일본의 중·상층 주부 투자자들을 '와타나베 부인(Mrs.Watanabe)'이라고 하는데 일본의 개인 외환투자자들을 통칭하는 용어로 확장하여 사용하기도 합니다. 와타나베는 한국에서 김씨·이씨처럼 흔한 성이기 때문에 붙여진 것입니다.

와타나베 부인의 투자수익률은 역시 환율에 달려 있습니다. 엔화 가치가 하락할 경우 이들은 해외투자에 따른 이자차익뿐만 아니라 환차익까지 누릴 수 있습니다. 예들 들어 와타나베 부인이 일본 은행에서 1%로 돈을 빌려 3% 수익률인 미국 국채를 샀다면 2%만큼 이자 차익을 낼 수 있습니다. 여기다가 엔/달러 환율이 100엔에서 105엔으로 상승했다면 5%에 해당하는 환차익도 누릴 수 있습니다. 물론 거래비용은 여기에 포함되지 않았습니다, 반대로 엔화 가치가 상승하면 오히려 해외투자로 손실을 볼 수도 있습니다. 와타나베 부인에게도 환율이 매우 중요하다는 의미입니다.

와타나베 부인 투자 형태 때문에 글로벌 금융시장이 불안할 때 엔화 가치가 오릅니다. '손안에 있는 돈이 최고'라는 말이 있습니다. 글로벌 금융시장이 불안하면 와타나베 부인이 해외에 투자했던 돈 일부를 환수하게 됩니다. 이 경우 일본으로 돈이 들어오면서 일본 엔화 가치가 오르게 됩니다.

한국에서도 '김씨 부인'이 크게 늘고 있습니다. 앞서 살펴보았습니다만, 한국의 경상수지 흑자가 계속 높은 수준을 유지하고 있습니다. 그리고 한국경제도 이제 구조적으로 저성장과 저금리 국면에 접어들었습니다. 제가 우리나라 잠재성장률을 추정해보면 2021년부터 성장 능력이 1%대로 떨어지고 있습니다. 그래서 우리 돈이 해외투자로 나갈 수밖에 없는 상황입니다. 김씨 부인의 또 다른 이름이 '서학개미'일 뿐입니다. 김씨 부인이나 서학개미는 반드시 해외투자 때 환율 변동을 고려해야 합니다. 과거에 환율이 유학비 송금이나 해외여행 경비로 개인에게 중요한 의미를 지녔습니다만, 이제는 이와 더불어 해외투자로 환율의 중요성이 더해졌습니다.

적정 환율의 추정 방법

1980년 1월 말에 원/달러 환율이 580원이었습니다. 그랬던 환율이 1997년 외환위기(IMF 경제위기)를 겪으면서 1997년 12월에는 1,965원까지 급등했습니다. 그 후 원/달러 환율은 2007년 10월 말에 901원을 기록했습니다. 2021년 11월 현재는 환율이 1,180원 안팎에서 움직이고 있습니다. 앞서 환율 결정 요인을 공부했습니다만, 다양한 요인이 이런 환율 변동을 일으키는 것입니다.

그렇다면 적정 환율은 어느 정도인지 알 수 있을까요? 적정 환율이란 말 그대로 그 나라의 경제 상황에 적합한 환율 수준을 의미합니다. 여기서 말하는 경제 상황이란 앞에서 살펴본 환율 결정 요인입니다. 국제수지, 금리, 물가 등 거시경제 변수나 외환 수급 등입니다. 또한 각국의 재정정책이나 통화정책이 환율 결정에 영향을 줍니다. 이런 요인이 늘 변화하기 때문에 적정 환율을 기간에 따라 달라집니다.

> **실질실효환율로
> 환율의 적정 수준을
> 평가합니다**

그러나 실질실효환율(real effective exchange rate)로 한 나라의 적정 환율을 평가하기도 합니다. 우리가 시장에서 매시간 매일 관찰하는 환율은 명목환율(nominal exchange rate)입니다. 2021년 11월 5일 한국 외환시장에서 원/달러 환율의 종가가 1,185.2원이었는데,

◀ **국제결제은행의 실질실효환율** ▶

자료: 국제결제은행

이 환율이 명목환율인 것입니다. 이와 대조되는 개념이 실질환율
(real exchange rate)입니다. 실질환율은 명목환율에 상대국의 물가를
고려한 환율입니다. 이와 더불어 실효환율(effective exchange rate)이
라는 용어가 있습니다. 이는 자국 통화와 모든 교역상대국을 고려한
통화로 주요 교역상대국의 명목환율을 교역량 등으로 가중하여 계
산합니다. 여기에는 명목실효환율과 물가지수변동까지 고려한 실질
실효환율이 있습니다.

　　각 국가의 실질실효환율을 매월 국
제결제은행(BIS)에서 계산해줍니다.

국제결제은행에서
구체적 통계를 확인
할 수 있습니다.

　　그림은 국제결제은행에서 추정한 우리나라의 실질실효환율입니

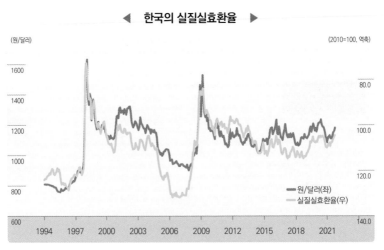

◀ 한국의 실질실효환율 ▶

자료: 국제결제은행

다. 원/달러의 환율과 관계를 보기 위해 실질실효환율 축은 거꾸로 그렸습니다. 국제결제은행은 2010년을 100 기준으로 작성하는데, 이 지수가 100을 넘어서면 그 나라 통화가치가 과대평가, 100 아래면 과소평가되었다는 의미입니다. 2021년 9월 원화의 실질실효환율은 104.5로 나타났는데, 이는 원화 가치가 적정 수준보다 4.5% 과대평가 되었다는 의미입니다.

참고로 2021년 9월 시점 일본의 실질실효환율은 70.4입니다. 일본 엔화 가치가 29.6%나 과소평가되었다는 것입니다. 반면에 중국 위안의 실질실효환율은 127.9, 위안 가치가 27.9% 과대평가되었습니다.

한국 원화는 위안화와 같은 방향으로 움직입니다

국제결제은행이 실질실효환율을 계산할 때, 상대국과의 교역량 등을 고려하여 가중치를 부과합니다. 우리나라 원화 계산 때 60개국이 포함되어 있습니다. 가중치를 보면 중국 비중이 33.3%로 가장 높습니다. 그 다음이 미국인데, 미국 비중은 14.0%로 중국의 절반 이하입니다. 그만큼 우리나라 교역은 중국 의존도가 높다는 것입니다. 실제로 우리나라 수출 비중을 보면 미국이 줄어들고 중국이 꾸준히 늘어나고 있습니다. 2000년에 미국이 우리 수출(통관기준)에서 차지하는 비중이 21.8%였으나, 2020년에는

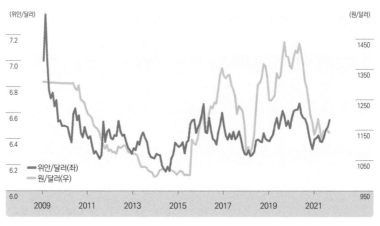

자료: 한국은행

14.5%로 줄었습니다. 같은 기간 중국 비중은 10.7%에서 25.9%로 증가했습니다. 2000년에서 2020년까지 한국의 누적 무역수지 흑자가 7,770억 달러였는데, 이 중 85%에 해당하는 6,618억 달러가 중국에서 나온 것입니다. 따라서 한국의 원화 환율은 중국 위안 환율과 같은 방향으로 움직일 수밖에 없는 상황입니다. 위 그림이 이를 보여주고 있습니다.

[구매력 평가의
대표적 환율은
빅맥지수입니다]

한 나라 통화의 구매력과 다른 통화들간의 구매력이 균형을 유지하도록 국내물가와 외국물가의 수준을 환율에 반영시킨 것을 구매력평가환율(purchasing power parity exchange rate)이라 합니다.

영국의 유명한 경제 전문 주간지 '이코노미스트(The Economist)'는 1986년부터 매 분기마다 빅맥지수(BicMac Index)를 이용하여 각국의 환율을 평가하고 있습니다. 이를 버거노믹스(Burgernomics)라고도 합니다.

맥도날드에 가면 '빅맥'이라는 햄버거가 있습니다. 전 세계에서 매년 약 13억개 정도가 팔린다는데, 지구 인구 5명 중 1명이 1년에 1번 이상 빅맥을 먹고 있다는 것입니다. 우리나라에서도 2020년 빅맥이 2천만 개 이상 팔렸는데, 이는 분 당 40개씩 팔렸음을 의미합니다. 이처럼 빅맥은 전 세계에서 팔리기 때문에 빅맥을 대상으로 각국의 적정 환율을 추정합니다.

빅맥환율은 환율결정이론에서 가장 기본적인 구매력평가설(purchasing power parity, PPP)에 근거하고 있습니다. 즉, 일물일가의 원칙에 따라 같은 상품이라면 나라에 관계없이 가격이 같아야 한다는 것입니다.

이코노미스트지는 맥도날드의 '빅맥'이라는 햄버거를 선정하여 각국 환율의 적정성을 평가합니다. 적정 원/달러 환율의 산출방법은 다음과 같습니다.

미국에서 2021년 6월 빅맥은 개당 5달러 65센트(아틀란타, 시카고, 뉴욕, 샌프란시스코의 평균)였습니다. 그런데 한국에서는 빅

맥이 개당 4,600원에 팔리고 있었습니다. 일물일가의 법칙에 따라 빅맥 가격은 미국과 한국에서 같아야 합니다. 따라서 빅맥 한 개를 살 수 있는 미화 5달러 65센트의 가치는 한국 돈 4,600원과 같게 됩니다. 이를 다시 환산하면 미화 1달러의 가치는 원화 814.2원(=4,600/5.65)입니다. 그러므로 빅맥환율에 따르면 원화의 균형 환율은 미 달러당 814.2원입니다. 참고로 2021년 6월 말 실제 원/달러 환율은 1126.1원이었습니다. 빅맥환율에 따르면 원화 가치가 38.3%나 저평가된 셈입니다.

빅맥환율은 각국의 조세차이, 판매세, 요소비용(비교역재)의 차이를 고려하지 못하는 단점이 있습니다. 그럼에도 불구하고 빅맥환율은 각국 환율의 적정성 평가에 있어서 가장 중요한 척도 가운데 하나로 이용되고 있습니다.

빅맥지수 외에 2004년에 스타벅스의 카페라테 가격을 기준으로 하는 스타벅스지수(Starbucks index), 주요국의 빅맥지수는 이코노미스트에서 확인할 수 있습니다.

2007년에는 애플사의 MP3 플레이어 아이팟 가격을 기준으로 하는 아이팟지수(iPod Index) 등도 있습니다.

미국의 환율보고서와
적정 외환보유액

미국이 우리나라를 환율조작국으로 지정할 수도 있습니다

매년 4월과 10월이면 우리 정부와 기업은 미국 재무부의 「주요 교역상대국의 거시경제·환율정책 보고서(이하 환율보고서)」에 촉각을 곤두세우곤 합니다. 혹시나 미국이 우리나라를 환율조작국으로 지정하지 않을까 하는 우려 때문입니다.

미국 재무장관은 종합무역법(1988)과 교역촉진법(2015)에 따라 매년 반기별로 주요 교역대상국의 거시경제·환율정책에 관한 보고서를 의회에 제출합니다.

주요 교역상대국의 거시경제·환율정책에 관한 보고서

자료: 미 재무부

교역촉진법상 미국의 교역상대국이 다음 3개 요건을 충족하면 환율조작국 대상에 들어갑니다.

첫째, 대미 교역대상국의 무역흑자가 200억 달러 이상입니다.

둘째, 교역대상국의 경상수지 흑자가 GDP 대비 2% 이상입니다.

◀ 교역촉진법('15)상 요건 및 우리나라 해당여부 ▶

요건	세부기준	한국 실적	해당 여부
對美(대미) 무역흑자	200억 달러 이상	248억 달러	○
경상수지 흑자	GDP의 2% 이상	4.6%	○
달러 순매수 (외환시장 개입)	GDP의 2% 이상, 6개월 이상 순매수	0.3% (53.5억 달러 순매수)	×

자료: 미 재무부, 기획재정부

구분	對美 무역흑자 200억 달러 이상	경상흑자 GDP 2% 초과	외환시장 개입 순매수/GDP 2% 이상 + 6개월 이상 지속		해당 요건수	'20.12월 대비 변동사항
베트남	697억 달러	3.7%	4.4%	○	3	동일
스위스	567억 달러	3.7%	15.3%	○	3	동일
대만	299억 달러	14.1%	5.8%	○	3	2→3개 해당
중국	3,108억 달러	1.9%	1.2%	×	1	동일
독일	573억 달러	6.9%	–	–	2	〃
일본	554억 달러	3.3%	0.0%	×	2	〃
이탈리아	295억 달러	3.7%	–	–	2	〃
말레이시아	317억 달러	4.4%	0.6%	○	2	〃
태국	264억 달러	3.2%	1.9%	○	2	〃
인도	238억 달러	1.3%	5.0%	○	2	〃
한국	248억 달러	4.6%	0.3%	○	2	〃
싱가포르	38억 달러	17.6%	28.3%	○	2	〃
멕시코	1,127억 달러	2.4%	-0.2%	×	2	1→2개 해당
아일랜드	559억 달러	4.8%	–	–	2	1→2개 해당
캐나다	150억 달러	-1.9%	0.0%	×	1	동일
프랑스	156억 달러	-2.3%	–	–	0	〃
영국	-88억 달러	-3.5%	0.0%	×	0	〃
벨기에	-67억 달러	-0.2%	–	–	0	〃
브라질	-117억 달러	-0.9%	-2.6%	×	0	〃
네덜란드	-181억 달러	7.8%	–	–	1	〃

▢ 3개 요건 해당　▢ 관찰대상국　**요건해당시**　　　　자료: 미 재무부, 기획재정부

셋째, 교역대상국 중앙은행의 달러 순매수 규모가 GDP 대비 2% 이상입니다. 단, 12개월 중 6개월 이상 개입했는가의 여부입니다.

2021년 4월 발표한 환율보고서에서 미국 재무부는 우리나라를 교역촉진법상 3개 요건 가운데 2개에 해당한다고 발표했습니다. 그래서 환율조작국 대신에 관찰 대상국으로 지정했습니다.

현재는 미국 재무부가 한국을 관찰대상국으로 포함하고 있습니다만, 상황에 따라서는 환율조작국으로 지정할 수 있습니다. 환율조작국으로 지정되면 1) 미국기업 투자 시 금융지원 금지, 2) 미 연방정부 조달시장 진입 금지, 3) 국제통화기금(IMF)을 통한 환율 압박, 4) 무역협정과 연계 등의 제재가 따릅니다.

참고로 환율보고서에 나타난 주요 교역상대국의 평가 결과를 보면 앞의 표에 담았습니다.

[적정 외환보유액은
얼마나 될까?]
한국은행에 따르면 2021년 10월 말 우리나라 외환보유액은 4,692.1억 달러입니다. 외국 정부가 발행한 국채 등을 포함한 유가증권을 4,184억 달러 가지고 있었는데, 이는 외환보액의 89.2%에 해당합니다.

참고로 우리나라 외환보유액 규모는 세계 9위입니다. 2021년 9월 말 중국의 외환보유액이 3조 2,006억 달러로 1위를 차지하고, 그다

◀ **외환보유액 추이** ▶

(억 달러, %)

	2017년 말	2018년 말	2019년 말	2020년 말	2021년 10월 말 (a)	2021년 10월 말 (b)		전월비 증감 (b-a)
외환보유액	3,892.7	4,036.9	4,088.2	4,431.0	4,639.7	4,692.1	(100.0)	52.4
유가증권[1)	3,588.3	3,796.0	3,850.2	4,098.4	4,193.5	4,184.2	(89.2)	-9.4
예치금	206.5	137.3	128.5	202.8	198.5	257.9	(5.5)	59.5
SDR	33.7	34.3	33.5	33.7	153.8	155.2	(3.3)	1.4
IMF포지션[2)	16.2	21.4	27.9	48.2	46.0	46.8	(1.0)	0.8
금	47.9	47.9	47.9	47.9	47.9	47.9	(1.0)	0.0

주: 1) 국채, 정부기관채, 회사채, 자산유동화증권(MBS, 커버드본드) 등
    2) IMF 회원국이 출자금 납입, 융자 등으로 보유하게 되는 IMF 관련 청구권

자료: 한국은행

◀ **주요국의 외환보유액** ▶

(2021.9월 말 현재) (억 달러)

순위	국가	외환보유액		순위	국가	외환보유액	
1	중국	32,006	(-315)	6	대만	5,449	(+13)
2	일본	14,093	(-150)	7	홍콩	4,950	(-20)
3	스위스	10,774	(-167)	8	사우디 아라비아	4,654	(+107)
4	인도	6,354	(-53)	9	**한국**	**4,640**	**(+1)**
5	러시아	6,141	(-41)	10	싱가포르	4,168	(-14)

주: 1) ( )내는 전월말 대비 증감액   자료: IMF, 각국 중앙은행 홈페이지

음이 일본(1조 4,093억 달러), 스위스(1조 774억 달러) 등의 순서입니다.

우리나라 외환보유액이 4,692억 달러인데, 적정 수준은 얼마나 될까요? 이는 추정하는 기관에 따라 크게 차이가 납니다. IMF(1953년)는 적정 외환보유액을 3개월 수입액으로 규정했습니다. 기간에 따라 다르지만 2021년 4~6월 우리나라 수입액은 1,490억 달러였습니다. 현재 외환보유액이 IMF 기준보다는 3.2배나 많다는 의미입니다. 그린스펀-기도티 룰(1999년)에 따르면 IMF 기준(3개월 수입액)과 단기외채(보통 1년 이내 만기 외채)의 합이 적정 외환보유액입니다. 이에 따르면 2021년 상반기에 우리나라 적정 외환보유액은 3,147억 달러입니다. 같은 기간 실제 외환보유액 수준이 1.5배 정도 많습니다.

◀ **적정 외환보유액 추정** ▶

기관(연구자)	적정 외환보유액	2021년 상반기 기준
국제통화기금 (IMF, 1953)	3개월 수입액 혹은 연간수익액의 25%	1,490억 달러
그린스펀-기도티룰 (1999)	3개월치 수입액 + 유동외채 (1년 안에 갚아야 하는 외채)	3,147억 달러
국제결제은행 (BIS, 2004)	3개월치 수입액 + 유동외채 + 외국인 포트폴리오투자자금의 1/3	6,197억 달러

자료: 김영익 추산

이와는 달리 국제결제은행(BIS)은 외국인 포트폴리오 투자금의 1/3까지를 적정 외환보유액에 포함해야 한다고 합니다. 2021년 6월 외국인 포트폴리오 투자(주식과 채권 합계)는 9,158억 달러입니다. 이의 1/3인 3,050억 달러를 추가하면 한국의 적정외환보유액은 6,197억 달러입니다. BIS 기준으로 보면 우리나라 외환보유액은 적정 수준의 74%에 그쳤다는 것입니다.

1997년 우리나라는 외환이 부족해서 외환위기를 겪은 경험이 있습니다. 그해 12월 18일 한국의 가용 외환보유액은 39억 4천만 달러로 쪼그라들었습니다. 국가 부도사태였습니다. 그래서 한국은 국제통화기금(IMF)에 손을 벌리고, IMF 처방에 따라 뼈아픈 구조조정을 해야 했습니다.

그런데 현재 한국의 곳간이 그득해졌습니다. 앞서 본 것처럼 2021년 10월 현재 4,500억 달러가 넘은 외환을 보유하고 있습니다. 문제는 이것이 적정하는가입니다. 앞의 기준에서 보는 것처럼 기준에 따라 다릅니다.

외환보유액이 많으면 그만큼 기회 비용에서 손실을 보게 됩니다. 유사시에 사용할 비상금인 외환보유액은 언제든 꺼내 쓸 수 있어야 합니다. 그래서 대부분 미국 국채 등 안전자산으로 운용됩니다. 금리가 낮기 때문에 다른 자산에 투자한 것보다 수익이 낮을 수 있는 것입니다. 반대로 외환보유액이 적정 수준보다 낮으면 국가 신용등급이 떨어지고 환율이 불안정하게 움직일 수 있습니다.

IMF 기준으로 보면 우리나라 외환보유액이 충분하지는 않지만, 한국의 대외 신용등급이나 외환시장 안정을 해치지는 않을 것입니다. 한국경제가 2000년부터 순채권국으로 전환되었고, 2021년 6월 순채권이 4,569억 달러에 이르렀습니다. 또한 한국의 경상수지 흑자가 최근 GDP의 4% 정도를 기록하고 있었기 때문입니다.

◀ **대외채권·채무 현황** ▶

(억 달러, %, %p)

	2020p			2021p		분기중 증감
	6월 말	9월 말	12월 말	3월 말	6월 말	
대외채권	9,557	9,772	10,278	10,307	10,611	304
(준비자산[1])	4,108	4,205	4,431	4,461	4,541	80
대외채무	5,067	5,143	5,449	5,659	6,012	383
(단기외채)	1,562	1,461	1,593	1,657	1,780	123
순대외채권	4,490	4,628	4,828	4,648	4,569	−79
단기외채/준비자산	38.0	34.7	36.0	37.1	39.2	2.1
단기외채/대외채무	30.8	28.4	29.2	29.3	29.5	0.2

주 : 1) 외환보유액 총액을 계상   자료: 한국은행

환율과 금리의 관계

앞에서 환율의 기본 개념과 환율 결정 요인을 살펴보았습니다. 이와 더불어 적정 환율을 결정하는 몇 가지 방법도 소개했습니다.

원화가치가 상승하면 금리는 하락합니다

여기서부터는 환율의 기본 이론을 토대로 다양한 측면에서 응용해보겠습니다. 우선 환율과 금리의 관계는 어떨까요? 원화 가치가 상승하면 우리 금리는 하락하게 됩니다. 그 과정을 설명해보겠습니다. 우선 원화 가치를 결정하는 가장 중요한 요인 가운데 하나가 국제수지 특히 경상수지입니다. 경상수지가 흑자를 내면 우리 외환시장에서 달러가 공급이 늘어나기 때문에 달러 가치는 떨어지고 원화 가치는 오릅니다. 원화 가치가 상승하면 우리가 완제품이나 중간재 혹은 원자재를 싸게 수입할 수 있습니다. 그러면 물가상승률이 낮아집니다. 명목금리는 실질금리와 물가상승률의 합으로 표시됩니다. 물가가 떨어지면 명목금리도 하락하게 됩니다. 보통 우리가 시장에서 관찰하는 금리는 명목금리입니다. 그래서 원화 가치가 상승하면 물가상승률이 낮아지고 뒤따라 금리도 떨어지게 되는 것입니다.

물론 거꾸로 금리가 환율에 영향을 미칠 수 있습니다. 금리가 오르면 시차를 두고 원화 가치가 상승합니다. 예를 들면 미국 중앙은행(연방준비제도)은 금리를 유지하고 있는데, 우리 한국은행이 금리를 올렸다면 달러가 우리 시장으로 들어옵니다. 우리나라로 달러가 유입되면 달러 가치는 하락하고 원화 가치는 상승합니다. 앞서 원화 가치가 상승하면 금리가 떨어진다고 했습니다. 그런데 이번에는 금리가 오르면 원화 가치가 상승한다고 이야기했습니다. 모순되지 않느냐고 반문할 수 있습니다.

경제변수의 상호 영향을 고려할 때 가장 중요한 것은 조건과 시점입니다. 경제학 교과서에서 보면 '다른 조건이 일정할 때(cetris paibus)'라는 말이 자주 나옵니다. 원화 가치가 상승하면 금리가 하락한다고 했는데, 여기서 전제 조건은 원화 가치가 하락할 때 물가

상승률이 낮아진다는 것이었습니다. 그런데 원화 가치가 상승할 때 경기가 좋아 물가가 오른다면 환율과 금리의 관계가 다르게 나타날 수 있습니다.

그리고 한 경제 변수가 다른 경제 변수에 영향을 미치는 시차가 있습니다.

환율과 금리의 관계를 다시 보겠습니다. 원화 가치가 상승하면 금리가 떨어집니다. 금리가 떨어지면 시차를 두고 소비와 투자가 증가합니다. 그러면 경제성장률이 올라가고 수요가 늘어나 물가도 오릅니다. 물가가 오르면 우리 상품의 가격 경쟁력이 떨어져 무역수지 흑자가 줄어듭니다. 그러면 우리 외환시장으로 달러가 덜 들어오고 원화 가치가 하락합니다. 원화 가치 하락은 물가상승률을 높입니다. 그러면 금리는 다시 오르게 됩니다. 금리가 오르면 다시 우리 외환시장으로 돈이 들어오고 원화 가치가 상승합니다. 원화 가치 상승은 다시 물가와 금리 하락 요인으로 작용합니다. 이처럼 경제변수는 시간이 흘러감에 따라 상호작용에 의해 서로 영향을 미치기 때문에 시점에 따라 영향이 다르게 됩니다.

환율과 주가의 관계

외국인이 한국 주식을 살 때 중장기적으로 한국의 경제성장과 기업수익을 고려하고 의사결정을 합니다. 이와 더불어 환율도 외국인의 한국 주식투자에 중요한 영향을 줍니다. 단기적으로는 외국인 매수에 가장 큰 영향을 주는 변수가 환율이라 해도 지나치지는 않을 것입니다. 외국인들은 한국의 원화 가치가 저평가되었다면 한국 주식을 삽니다. 환차익을 누릴 수 있기 때문입니다. 대표적 예가 1997년 한국 외환위기 때입니다. 1997년 12월에는 원/달러 환율이 1,965원까지 급등했습니다. 그 후 원/달러 환율은 지속적으로 하락하면서 2007년 10월 말에 901원에 이르렀습니다. 당시 한국 주식을 산 외국인은 단기적으로도 환차익을 누렸지만, 10년 보유했다면 환율에서만 46% 정도 이익을 낼 수 있었던 것입니다.

외국이 주식 투자자금이 들어오면 원/달러 환율이 떨어지게 됩니다. 외국인이 한국 주식을 사기 위해서는 달러를 원화로 바꿔야 하기 때문입니다. 이때 서울 외환시장에서는 달러 공급이 늘어나 달러 가치가 하락하고 상대적으로 원화 가치는 상승하게 됩니다.

다음 그림은 원/달러 환율과 우리나라 대표 주가지수인 코스피의 추이를 그린 것입니다. 원/달러 환율은 우측에 나타나 있습니다. 환율이 하락했을 때 주가가 상승했던 것을 보여주기 위해 축을 거꾸로 표시했습니다. 우리나라 주식시장에 외국인에게 개방된 1988년 1월에서 2021년 7월까지 통계로 분석해보면 두 변수의 상관계수는 마이너스(-) 0.40으로 약간 강한 상관관계가 있는 것으로 나타났습니다. 원화가치가 1% 상승하면 코스피는 1.7% 상승했습니다. 또한 인과관계를 분석해보면 쌍방으로 인과관계가 있는 것으로도 나타났습니다. 즉, 원/달러 환율이 하락(상승)했을 때 주가가 상승(하락)했고, 그 반대로 주가가 상승(하락)했을 때 원/달러 환율이 하락(상승)했다는 의미입니다.

참고로 글로벌 경제나 금융시장이 불안하면 원화 가치가 큰 폭으로 하락하고 주가도 크게 떨어집니다. 2008년 미국에서 시작된 금

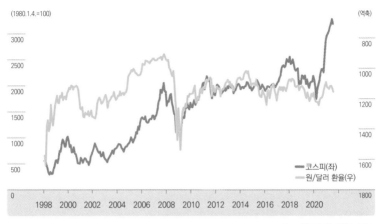

◀ 환율과 주가 ▶

(1980.1.4.=100)　　　　　　　　　　　　　　　　　　　　　　　　(역축)

코스피(좌)
원/달러 환율(우)

자료: 한국은행, 한국거래소

융위기가 전 세계로 확산되었습니다. 미국에서 금융위기가 발생했지만, 아직도 달러가 세계의 기축통화이기 때문에 안전자산 선호현상으로 돈이 미국으로 몰려듭니다. 그래서 원화 가치와 주가가동시에 급락했습니다. 앞으로도 이런 위기가 올 수 있습니다. 그때는 과감하게 달러를 매도하고 우리 주식을 사야 할 것입니다.

[**원화가치가 상승하면 내수업종 주가가 더 올랐습니다**] 보통 원화 가치가 상승할 때 경상수지가흑자를 기록하는 등 한국경제가 견실한성장을 했습니다. 그래서 주가도 오릅니다. 그러나 업종별로는 차이가 있습니다. 다음 그림은 원화 가치가1% 상승했을 경우 코스피 업종별 탄력도입니다. 원화 가치가 1%

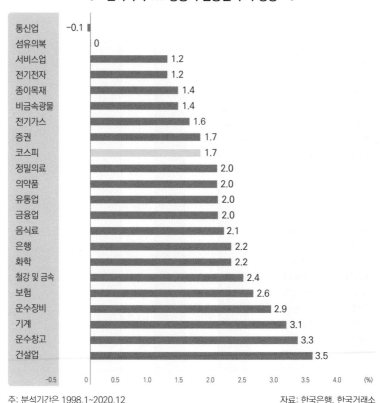

◀ 원화가치 1% 상승시 업종별 주가 영향 ▶

업종	값
통신업	-0.1
섬유의복	0
서비스업	1.2
전기전자	1.2
종이목재	1.4
비금속광물	1.4
전기가스	1.6
증권	1.7
코스피	1.7
정밀의료	2.0
의약품	2.0
유통업	2.0
금융업	2.0
음식료	2.1
은행	2.2
화학	2.2
철강 및 금속	2.4
보험	2.6
운수장비	2.9
기계	3.1
운수창고	3.3
건설업	3.5

주: 분석기간은 1998.1~2020.12   자료: 한국은행, 한국거래소

상승했을 경우 건설업종 주가지수가 3.5%나 상승했습니다. 그다음
으로 운수창고(3.3%), 기계(3.1%), 운수장비(2.9%), 보험(2.6%) 등
의 순서로 탄력도가 높습니다. 주로 내수업종입니다. 원화 가치가
상승하면 우리 경제가 수출보다는 내수 중심으로 성장하기 때문입
니다.

코스피(1.7%)보다 탄력도 낮은 업종 중에 전기전자(1.2%)가 있습니다. 전기전자업종의 업황은 내수뿐만 아니라 수출에도 크게 의존합니다. 원화 가치가 상승하면 수출과 수출기업에 부정적 영향을 준다는 것을 이미 앞서 설명드렸습니다.

중앙은행 통화스왑과
환율안정

2020년 3월 코로나19 영향으로 세계 경제가 침체에 빠지고 글로벌 금융시장이 매우 불안했습니다. 우리 증권시장과 외환시장도 마찬가지였습니다. 우리나라 대표적 주가지수인 코스피(KOSPI)가 2019년 말 2197.67에서 2020년 3월 19일에는 종가 기준으로 1457.64까지 급락했습니다. 원/달러 환율은 같은 기간 1156.4원에서 1285.7원으로 급등했습니다.

그러나 그다음 날인 3월 20일 코스피는 108.51포인트나 상승한 1566.15로 장을 마감했습니다. 하루 사이에 7.4%나 올랐던 것입니다. 원/달러 환율도 당일 1246.5원으로 전일보다 39.2원이나 떨어졌습니다. 무슨 일이 있었을까요? 한국은행과 미국 중앙은행인 연방준비제도(연준)와의 통화스왑 체결 소식 때문이었습니다.

스왑이란 자금흐름의 교환을 통해서 이루어지는 금융기법입니다

스왑(swap)이란 계약조건 등에 따라 일정 시점에 자금흐름의 교환을 통해서 이루어지는 금융기법을 말합니다. 이러한 거래를 스왑거래라고 하는데 스왑거래는 사전에 정해진 가격과 기간에 둘 이상의 당사자가 보다 유리하게 자금을 조달하기 위해 서로 부채를 교환하여 위험을 피하려는 금융기법입니다. 스왑거래에는 금리스왑, 통화스왑 등이 있습니다. 여기서는 우리 금융시장 안정을 초래했던 통화스왑(currency swap)을 알아보겠습니다. 이에 대한 자세한 내용은 한국은행 금요강좌 '중앙은행 통화스왑의 이해'(2020.11)에서 볼 수 있습니다.

통화스왑은 거래당사 간에 서로 다른 통화를 교환하고 만기가 돌아오면 원금을 재교환하기로 약정하는 거래입니다. 계약기간 동안에는 이자의 상호교환이 이루어지게 됩니다. 통화스와프는 외화자금시장에서 거래되는 통화스와프와 중앙은행 통화스왑이 있습니다. 여기서는 범위를 좁혀 한국은행과 연준의 스왑거래를 살펴보겠습니다. 다음 그림에서 한국은행이 요청은행이 되고, 연준은 지원은행이 됩니다. 한국은행은 연준에 스왑거래를 요청한 후 며칠 뒤 거

▸ **207**

래일이 되면 두 은행이 통화를 교환합니다. 한국은행은 원화를 연준에 보내고 연준으로부터 달러를 받습니다. 그리고 만기일에 이자성격의 수수료를 원금과 한꺼번에 지급합니다.

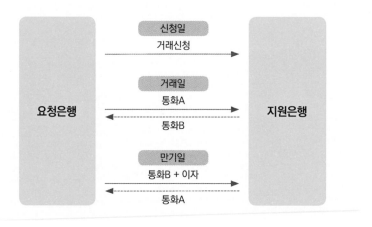

◀ **중앙은행 통화스왑거래 예시** ▶

자료: 한국은행

2020년 3월 19일 한국은행과 연준은 600억 달러의 통화스왑을 체결하기로 합의했습니다. 계약 기간은 최소 6개월이었습니다. 한국은행이 연준에게 600억 달러를 받고 그 대신 그 당시의 약정 환율에 따라 원화를 연준에게 주는 형식입니다. 예들 들어 원/달러 환율을 1,200원으로 했다면 72조 원을 한국은행이 연준에 맡기는 셈입니다. 이러한 한국은행과 연준의 통화스왑으로 우리나라에 600억 달러에 이르는 외환이 들어오게 되었습니다. 앞의 환율 결정 요인에서 살펴보았습니다만, 달러 공급이 늘어나면 원/달러 환율이 떨어지게 됩니다.

[통화스왑을 하는 이유는 여기에 있습니다] 한국은행은 미국뿐만 아니라 중국, 캐나다, 스위스 등 여러 중앙은행과 약 2000억 달러에 이르는 통화스왑 계약을 체결하고 있습니다.

◀ **한국은행 통화스왑 네트워크의 발전 : 2020년 10월** ▶

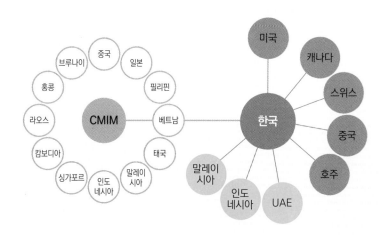

자료 : 한국은행

한국은행이 왜 여러 중앙은행과 통화스왑을 할까요? 우선 금융 안전망 구축에 있습니다. 앞의 예에서 보았던 것처럼 2020년 3월 600억 달러의 한미 통화스왑은 우리 금융시장 안정에 크게 기여했습니다. 2021년 10월 말 우리나라가 4,692억 달러의 외환을 보유하고 있지만, 유사시에 외화유동성 부족사태에 대비하기 위해 통화스왑을 하는 것입니다.

또한 통화스왑은 우리나라 대외신인도를 제고시키기는 효과도 있습니다. 국제 신용평가사인 피치(Fitch)가 2011년에서 12년 사이에 우리나라의 국가신용등급을 A+에서 AA-로 상향 조정했는데요, 그때 근거 중 하나가 우리나라의 중국, 일본과의 통화스와프 확대였습니다. 주요 선진국과 통화스와프를 체결하면 그 나라의 경제와 금융의 안정성이 선진국으로부터 통화스와프를 체결해 줄 정도로 높다는 증거가 되기 때문에 외환시장이 안정되고 국가 위상도 높아집니다.

이 외에 원화의 국제화를 제고시키는 것도 통화스왑을 하는 이유입니다. 통화스왑으로 국제 무역과 금융 거래에서 원화의 활용도를 제고시킬 수 있다는 것입니다.

환율전쟁

신문 등 언론에서 환율전쟁(currency war, 혹은 exchange rate wars)
이라는 단어가 자주 나옵니다. 환율전쟁이란 자기 나라의 수출 경
쟁력을 유지할 목적으로 외환시장에 인위적으로 개입하여 자국의
통화가치를 경쟁적으로 떨어뜨리는 것입니다.

플라자합의도
환율전쟁이었습니다

1985년 9월 플라자합의가 있었습니다.
1985년 9월 22일 미국 뉴욕의 플라자호
텔에서 G5(프랑스·독일·일본·미국·영
국) 재무장관과 중앙은행 총재가 미국의 무역수지 개선을 위해 달러 가치 하락과 더불어 엔이나 마르크화 강세를 유도하기로 합의했습니다. 이를 플라자합의라고 합니다.

1981년 레이건 정부가 들어서면서 감세 정책을 펼쳐 경기를 부양했으나, 긍정적 효과보다는 재정수지와 경상수지 적자가 확대되는 부정적 측면이 더 강하게 나타났습니다. 이를 시정하기 위해 미국이 플라자합의를 이끈 것이었습니다.

이때 특히 일본 엔 가치가 크게 상승했습니다. 플라자합의 직전 월인 1985년 8월 말에 엔/달러 환율이 239엔이었습니다. 그러나 1년 반도 지나지 않은 1987년 12월에 환율이 123엔으로 떨어졌습니다. 단기간에 엔 가치가 48%나 상승한 셈입니다.

◀ **플라자합의 이후 엔 가치 급등** ▶

자료: 한국은행, 블룸버그

엔 가치가 그처럼 오르자 일본 수출 기업이 아우성을 쳤습니다. 엔화 가치가 급등해서 수출 상품의 가격 경쟁력이 크게 떨어졌다는 것입니다. 그래서 일본 정부와 중앙은행 내수 부양을 위해 금리를 인하하고 돈을 대폭 풀었습니다. 그 후 주가와 집값 등 자산 가격이 급등하면서 거품이 발생했습니다. 이를 막기 위해 중앙은행은 금리를 인상했고, 그 뒤 자산 가격 거품이 붕괴되었습니다. 자산 가격 하락은 일본 경제의 장기 침체에 단초를 제공했습니다.

1990년 중반 이후에는 자산 가격 하락에 따른 소비 위축과 더불어 인구 감소로 장기간 디플레이션 상황이 전개되었습니다. 1995년에 일본 GDP가 세계에서 차지하는 비중이 17.8%였으나, 이를 정

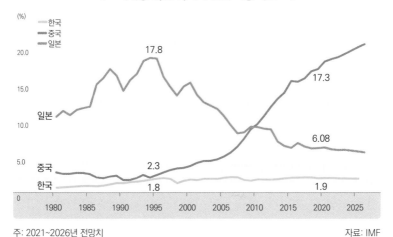

◀ 세계경제(GDP)에서 일본 비중 축소 ▶

주: 2021~2026년 전망치　　　　　　　　　　　　　　　　자료: IMF

점으로 떨어지기 시작했고 2020년에는 그 비중이 6.0%로 추락했습니다. 미국이 주도했던 플라자합의라는 환율전쟁이 그 시작을 알렸던 것입니다.

참고로 일본의 세계경제 비중이 축소된 만큼 확대된 나라는 중국입니다. 1995년 세계 GDP에서 중국 비중이 2.3%에 불과했으나 2020년에는 17.3%까지 올라갔습니다. 일본 경제가 절정을 이뤘던 1995년과 유사한 수준입니다. 한국경제의 세계경제 비중은 1.9% 안팎을 유지하고 있습니다.

플라자합의 이후 한국경제는 '3저 호황'을 누렸습니다

1985.8~1987.12 시기에 원 가치는 엔에 비해서 무려 73%나 하락했습니다. 세계 시장에서 일본 기업과 경쟁해야 했던 우리 수출 기업들의 가격 경쟁력이 급격하게 올라갔습니다. 한편 이 시기에 저유가와 저금리가 겹쳤습니다. 미국의 권유로 사우디는 원유 생산을 늘렸습니다. 그러자 1985년 9월 말 배럴당 27달러(두바이유 기준)였던 국제유가가 1986년 6월 말에는 8달러까지 급락했습니다.

유가 하락으로 세계 물가가 안정되고 각국 중앙은행은 저금리 정책을 펼칠 수 있었다. 예를 들면 1985년 12월 8.3%였던 미국 연방기금금리 실효 수준이 1986년 9월에는 5.9%로 하락했습니다. 저유가(저물가)와 저금리로 미국 등 선진국 가계가 소비를 크게 늘렸고, 우리 상품에 대한 수요도 증가했습니다. 여기다가 플라자합의에 따른 엔 강세(원 약세)로 우리 수출은 더 늘었습니다. 우리 경제는 1986~1988년 동안 수출 중심으로 연평균 12%라는 높은 경제성장을 달성했습니다. 저달러·저유가·저금리로 상징되는 이른바 '3저 호황'인데, 미국이 우리 경제가 수출 중심으로 한 단계 도약할 수 있는 기회를 마련해 주었던 것입니다.

2008년 글로벌 금융위기 이후 선진국 간 환율전쟁이 계속되고 있습니다

2008년 미국에서 금융위기가 발생했습니다. 위기로 미국 가계가 소비를 줄이고 기업 역시 투자를 줄였습니다. 여기다가 미국의 금융위기가 전 세계로 확산되면서 세계경제가 침체에 빠졌습니다. 지출 측면에서 GDP를 구성하는 소비, 투자, 수출이 줄어들다 보니 미국 경제도 극심한 침체에 빠질 수밖에 없었습니다.

금융위기를 극복하기 위해 미국 정부는 대폭의 적자 재정을 편성하면서 지출을 늘렸습니다. 미국 정부의 GDP대비 부채비율이 2007년 61%에서 2012년에는 103%로 늘어날 정도였습니다. 재정과 더불어 통화정책도 확장적으로 운용했습니다. 연방준비제도는 위기 전에 5.00~5.25%였던 연방기금금리를 2008년 12월에는

0.00~0.25%로 급히 인하했습니다. 이도 모자라 비정상적 통화정책인 양적 완화를 단행했습니다. 2009년에서 2012년까지 3차례 양적 완화를 통해 3조 달러에 가까운 돈을 풀었습니다. 그래서 소비와 투자가 늘어나면서 정부지출과 함께 경제성장을 끌어올렸습니다.

그럼에도 실제 GDP가 잠재 수준에 이르지 못했습니다. 마지막으로 수요를 부양하는 방법은 수출을 늘리는 것입니다. 그러기 위해 돈을 더 풀어 달러 가치 하락을 유도했던 것입니다. 실제로 달러 가치가 하락했습니다. 주요 선진국 통화에 대한 달러지수가 2008년 10월 말 85.6에서 2011년 11월에는 73.9로 13.7% 떨어졌습니다.

미국이 시작한 환율전쟁이 일본으로 갔습니다

미국의 통화 공급 확대로 달러 가치가 하락한 반면, 일본 엔화 가치가 큰 폭으로 상승했습니다. 2007년 3월 말 123.2엔이었던 엔/달러 환율이 2011년 9월에는 77.1엔까지 급락했습니다. 이 기간 동안 무려 엔 가치가 37.4%나 상승한 셈입니다.

엔화 가치 상승은 일본의 디플레이션 압력을 더 심화시켰습니다. 일본 수출 상품의 가격 경쟁력이 떨어져 수출이 줄어들었고, 엔화 가치 상승에 따른 수입 물가 하락으로 소비자물가가 더 떨어졌습니다. 이런 상황을 이겨내기 위해 일본 정부도 대응할 수밖에 없었습니다. 그 중 하나가 '아베노믹스'입니다. 그 핵심은 소비자물가 상승률이 2%에 이를 때까지 무한정 돈을 풀어보겠다는 것입니다.

이런 정책 영향으로 2011년부터 일본의 본원통화가 급증 추세로 전환하기 시작했습니다. 2013년 한해는 본원통화 증가율이 45.8%에 이를 정도였습니다. 2019년까지 이런 추세가 지속되면서 일본의 본원통화가 2007년에 비해서 4.4배 증가했습니다. 같은 기간 미국의 3.1배보다 더 높았습니다. 이런 일본의 통화 공급 확대로 2015년 말에는 엔/달러 환율이 124.2엔까지 상승하기도 했습니다. 미국에 이어 일본이 환율전쟁에 가담했는데, 이런 결과를 보면 성공한 셈입니다.

[**2014년부터 유럽중앙은행도 환율전쟁에 참여했습니다**]
유럽중앙은행(ECB)은 미국에 이어 일본의 통화 공급 확대를 통한 환율전쟁을 2013년까지 지켜보기만 했습니다. 독일 때문이었습니다. 독일은 1923년에 물가가 1억 200만%나 상승하는 하이퍼인플레이션을 겪었습니다. 그래서 독일 사람들은 '인플레이션 트라우마'에 갇혔다는 표현까지 나올 정도로 인플레이션을 싫어합니다.

그러나 미국에 이어 일본마저 환율전쟁에 가담하자 유로 가치가 달러나 엔에 비해서 상승했습니다. 독일을 중심으로 유로지역

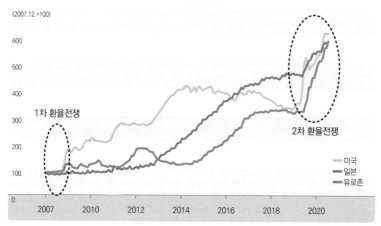

◀ **주요 선진국의 본원통화 추이** ▶

(2007.12.=100)

1차 환율전쟁

2차 환율전쟁

미국
일본
유로존

자료: 각국 중앙은행

국가들의 수출 가격 경쟁력이 떨어졌습니다. 더이상 견딜 수 없어

서 ECB도 2015년부터 본격적으로 환율전쟁에 가담하게 되었습니

다. 2015년 ECB의 본원통화 증가율이 40.1%로 미국(1.8%), 일본

(24.6%)보다 훨씬 높아졌습니다. 그 이후 유로 가치가 떨어졌습니

다. 2014년 4월 말 1유로당 1.38달러에서 2015년 11월에는 1.07달

러까지 하락했습니다.

2008년 금융위기를 겪으면서 미국이 시작한 환율전쟁이 일본

에서 유럽중앙은행까지 이어진 환율전쟁이 위 그림에 나타나 있

습니다.

2020년 3월 코로나19로 전 세계경제가 다시 전례가 없을 정도로 단기에 급격한 침체에 빠졌습니다.

IMF에 따르면 2020년 세계경제성장률은 마이너스(-) 3.1%였습니다. 1930년 대공황 가장 큰 폭의 마이너스 성장이었습니다. 그래서 각국 정부는 재정지출을 대폭 늘려 경기를 부양했습니다. 중앙은행의 통화정책은 더 적극적이었습니다.

미 연준은 다시 금리를 0%로 인하했고, 돈을 천문학적으로 찍어냈습니다. 2020년 한 해 동안 미국의 본원통화가 52%나 증가했습니다. 특히 연준 자산이 3~5월 사이에 2조 9,400억 달러나 증가했습니다. 2008년 금융위기를 극복하기 위해 6년 동안 풀었던 돈을 단 3개월 만에 찍어낸 셈입니다.

미국에 이어 일본은행과 ECB가 돈을 풀고 있습니다. 이번에는 ECB가 가장 적극적 통화정책으로 대응하고 있습니다. 2021년 6월 기준으로 보면 ECB의 본원통화가 코로나19 위기 직전이 2020년 2월보다 82.4% 증가해, 미국(74.5%)과 일본(27.8%)보다 높습니다. 선진국 사이에 환율전쟁이 격화하고 있는 것입니다.

우리나라 원화는 기축통화가 아니기 때문에 통화정책으로 환율을 조정하는 데 한계가 있습니다. 그러나 아래 그림에서 보는 것처럼 한미 본원통화비율이 원/달러 환율에 9개월 정도 선행하고 있습니다. 한국의 본원통화가 미국보다 상대적으로 더 증가하면 원/달러 환율이 9개월 시차를 두고 상승했고, 미국이 돈을 더 풀면 원/달러 환율이 하락했습니다.

최근 동향을 보면 2020년 3월 이후 미국이 대규모로 돈을 찍어내면서 한/미 본원통화비율이 떨어졌고, 일정 시차를 두고 원/달러 환율이 하락했습니다. 원화 가치가 올랐다는 것입니다. 2021년 6월까

◀ 한미 상대적 본원통화와 환율 ▶

(원/달러)

(2007.12.=100)

— 원/달러 환율(좌)
— 한/미 본원통화 비율(우)

자료: 한미 중앙은행

지도 미국 연준이 한국은행보다 상대적으로 돈을 더 많이 찍어내는 추세가 지속되고 있습니다. 앞으로도 몇 개월 원화가치가 상승할 것을 시사합니다. 물론 중간에 일시적으로 한국의 본원통화가 미국보다 증가하면서 원/달러 환율 상승 요인으로 작용하고 있습니다.

미중 패권전쟁과 환율 전망

미국과 중국이 패권전쟁을 하고 있습니다. 이 장에서 미중 경제의
현 상황을 진단한 다음 환율 전망을 해보겠습니다.

<div>
<p><strong>2000년대
미중 관계는
상호보완적이었습니다</strong></p>
</div>

2001년 중국이 세계무역기구(WTO)에
가입한 이후 미국과 중국 경제는 상호
보완관계를 유지했습니다. 1990년대 중
반 이후 정보통신혁명으로 경제 각 분야에서 생산성이 향상되면서
미국 경제는 고성장과 저물가를 동시에 달성했습니다. 이를 '신경제'
혹은 '골디락스 경제'라 부르면서 미국 소비자들은 지출을 크게 늘

렸습니다.

이때 중국은 저임금을 바탕으로 상품을 싸게 만들어 미국 소비자들의 욕구를 충족시켜주었습니다. 2001~2020년 중국의 대미 무역흑자는 5조 4,549억 달러였습니다. 월마트에 진열된 상품의 절반 이상이 중국산일 만큼 중국의 생산자가 미국 소비자 욕구를 충족시켜준 것입니다. 중국은 2001~2020년 연평균 8.7%나 성장했는데, 이 성장에 대미 수출이 크게 기여했습니다.

중국은 수출로 미국에서 벌어들인 돈 일부를 활용해 미 국채를 사주었습니다. 2008년 미국이 금융위기를 극복하기 재정지출을 크게 늘렸고, 그 재원을 마련하기 위해 국채를 발행할 수밖에 없었습

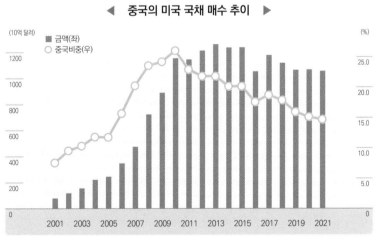

◀ **중국의 미국 국채 매수 추이** ▶

주: 2021년은 6월 기준, 비중은 총 외국인 보유액에서 중국이 차지하는 비율　　　　자료: 미 재무부

니다. 특히 2011년 말에는 중국이 보유하고 있는 미국 국채 규모가 1조 1,601억 달러로 외국인 보유 중 26.1%나 차지했습니다. 그 이후 규모로는 2013년 말 1조 2,700억 달러로 사상 최고치를 기록했습니다.(그러나 2020년 말에는 1조 615억 달러로 축소되었고, 외국인 보유 중 중국 비중도 15.1%로 낮아졌습니다.)

중국의 이러한 미 국채 매수가 미국의 시장금리가 낮은 수준을 유지하는데 크게 기여했습니다. 미국 소비자 입장에서는 중국이 생활에 필요한 각종 제품을 싸게 공급해서, 국채 매입으로 금리가 낮아지고 집값이 올라서 좋았습니다. 물론 중국 생산자들은 수출로 돈을 벌 수 있어서 미국의 신경제를 같이 즐길 수 있었습니다.

미중 불균형 해소 과정에서 중국이 내수 중심으로 성장할 것입니다

그러나 이 과정에서 미국 경제의 불균형이 확대되었습니다. 가계의 과소비로 가계부채가 가처분소득에서 차지는 비중이 1995년 90%에서 2007년에는 135%까지 상승했습니다. 수입 증가로 2006년에 경상수지 적자가 국내총생산(GDP)의 6%에 이르면서 사상 최고치를 기록했습니다. 이런 불균형은 2007년 들어 주택 가격에 발생했던 거품이 꺼지면서 해소되기 시작했고, 2008년에는 금융위기를 겪었습니다.

또한 미국의 대외 불균형도 크게 확대되었습니다. 2006년 3분기

한때는 국내총생산(GDP)대비 경상수지 적자가 6.3%에 이르렀고, 그 뒤로도 3% 안팎을 유지하고 있습니다. 미국은 이 적자를 금융계정으로 메꾸었습니다. 외국인이 미국 기업과 주식 및 채권을 사주었던 것입니다.

그 결과는 대외 부채 확대로 나타났습니다. 2001년 9조 4,651억 달러였던 대외부채가 2021년 1분기에는 47조 1,321억 달러로 5배나 증가했습니다. 순부채도 같은 기간 2조 2,945억 달러(GDP대비 22%)에서 14조 3,203억 달러(63%)로 급증했습니다. 이런 불균형을 해소하기 위해서 달러 가치가 더 떨어질 수밖에 없습니다. 앞으로 국제신용평가기관들이 경쟁적으로 미국의 국가신용등급을 낮출 수도 있습니다. 머지않아 미국 경제를 뒷받침해온 신용에 의한 성장모델이 한계에 도달할 가능성도 높습니다.

미국 금융위기가 전 세계로 확산되면서 2009년 세계경제는 마이너스 성장을 했습니다. 그러나 중국 경제는 투자 중심으로 9%가 넘는 성장을 했습니다. 중국 투자가 GDP에서 차지하는 비중이 2008년 40%에서 2009년에는 45%로 크게 늘었고, 그 이후에도 높은 수준을 유지하고 있습니다.

문제는 투자 중심으로 성장하는 과정에서 중국의 부채 특히 기업부채가 크게 늘었다는 데 있습니다. 중국 정부와 민간부문의 부채가 GDP에서 차지하는 비중이 2008년 169%에서 2017년에는 300%를 넘어섰습니다. 특히 기업부채가 같은 기간 GDP의 92%에서 167%로 늘었습니다. 중국 기업이 주로 간접금융을 통해 자금을 조달했기 때문에 기업 부실은 곧 은행 부실일 수밖에 없습니다. 지난 역사를 보면 부채의 급증 다음에는 경제 성장이 둔화되거나 경제위기가 왔었습니다.

중국은 기업의 구조조정 과정에서 경제가 크게 위축되는 것을 막기 위해 소비를 활성화하는 대책을 마련하고 있습니다. 또한 증권시장을 통해 기업의 채무조정을 돕고 있습니다. 중국 기업이 투자를 늘리는 과정에서 대부분 은행을 통해 자금을 조달했습니다. 그래서 기업 부실이 곧바로 은행 부실로 이어졌습니다. 그러나 2008년 이후로는 주식이나 채권을 통해 자금을 조달하는 기업이 크게 증가하고 있습니다. 앞으로도 이러한 추세가 지속되면서 증권시장이 더 빠르게 성장할 전망입니다.

미국이 무역 적자국이고 중국이 흑자국인 가장 중요한 이유는 미국이 상대적으로 소비를 많이 하고 중국은 적게 하는 데 있습니다. 한 나라의 저축률과 투자율의 차이가 그 국가의 국내총생산(GDP) 대비 경상수지 흑자율과 유사한데, 2001~2018년 미국의 연평균 국내 저축률이 17.7%로 총투자율(21.0%)보다 3.3% 포인트 낮았습니다. 이와는 달리 중국의 경우에는 같은 기간 저축률(47.2%)이 투자율(43.6%)보다 3.6% 포인트 높았습니다. 미국과 중국의 무역 불균형이 해소되기 위해서는 미국의 소비가 위축되든지 중국이 소비 중심으로 성장해야 한다는 이야기입니다.

2019년 미국 명목 GDP에서 민간 소비가 차지하는 비중이 68%로 중국(39%)보다 훨씬 높습니다. 좀 멀리 내다보면, 미국의 소비 비중은 줄고 중국 가계가 소비를 늘리면서 양국간 무역 불균형이 해소되는 과정을 거칠 전망입니다. 이 과정에서 달러 가치는 하락하고 위안 가치는 오늘 가능성이 높습니다.

[**2030년 무렵에는 중국 GDP가 미국을 넘어설 전망입니다**] IMF에 따르면 2001년 중국이 세계무역기구(WTO)에 가입할 때 중국 GDP가 세계에서 차지하는 비중은 4.0%였습니다. 또한 미국 GDP의 12.6%에 지나지 않았습니다. 그러나 미국이 2008년 금융위기를 겪은 후 중국 비중은 급격하게 증가하기 시작했습니다. WTO 가입 10년 후인 2011년에는 중국 GDP가 세계에서 차지하는 비중이 10.2%로 사상 처음으로 10%를 넘어섰고, 미국 GDP의 48.2%로 거의 절반에 이르렀습니다.

2020년 코로나19로 세계경제가 미국을 중심으로 침체에 빠졌는데, 중국 경제는 2.3%나 성장(미국 -3.5%)하면서 중국 GDP의 세계 비중과 미국대비 비중은 각각 18.2%와 73.2%에 이르렀던 것으로 추정됩니다.

중국이 늘어난 만큼 미국 비중은 지속적으로 하락 추세를 보이고 있습니다. 2001년 미국 GDP가 세계에서 차지하는 비중이 31.4%였으나 2011년에는 21.2%로 추락했고, 그 이후 미국 경제가 어느 정도 회복되면서 2019년에는 24.5%까지 올라갔습니다. 그러나 이를 중기 정점으로 다시 하락하고 있으면 IMF는 2025년에는 22%대로 낮아질 것으로 전망하고 있습니다.

미국의 명목 경제성장률 3%, 중국 6%를 가정하면 빠르면 2029년에는 중국 GDP규모가 미국을 추월하게 됩니다. 2030년 가서는 중국 GDP가 세계에서 차지하는 비중이 23%로 미국(22%)을 넘어설 전망입니다. 일본 경제가 1995년 세계에서 차지하는 비중

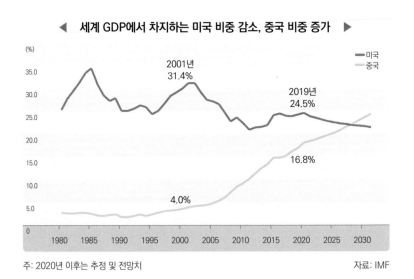

◀ **세계 GDP에서 차지하는 미국 비중 감소, 중국 비중 증가** ▶

주: 2020년 이후는 추정 및 전망치　　　　　　　　　　　　　　　　자료: IMF

이 17.6%(미국대비 71.3%)를 정점으로 2019년에 5.8%(23.7%)까지 추락한 것과 비교해보면, 그야말로 '대전환'이 아닐 수 없습니다.

미중 패권전쟁이 금융전쟁까지 갈 수 있습니다 중국이 세계 패권국이 될 가능성은 낮습니다. 과거 제국을 보면 세계를 지배할 수 있는 행정기구와 군사력 외에 이데올로기가 있었습니다. 스페인은 기독교, 영국은 자유시장과 페어플레이가 세계를 지배할 수 있었던 이데올로기였습니다. 미국의 이데올로기는 민주주의를 기반으로 하는 인권과 법치주의입니다. 중국은 내세울 만한 이데올로기가 없습니다.

그러나 2030년 무렵에는 중국의 GDP 규모가 미국을 앞서는 등 경제적 측면에서 중국이 세계에 미치는 영향이 커지고 있습니다. 또한 글로벌 질서에서 중국의 역할이 확대되고 있습니다. 베이징은 북대서양조약기구에 대응하는 상하이협력기구, 국제통화기금(IMF)의 역할을 할 수 있는 아시아인프라투자은행(AIIB), 환태평양경제동반협정(TPP)에 대항하는 역내포괄적경제동반자협정(RCEP) 체결로 중국이 세계에서 미국의 역할 일부를 대신하고 있습니다.

여기서 미중 패권전쟁의 본질을 찾을 수 있습니다. 하버드 대학

석좌교수인 그레이엄 앨리슨(Graham Allison)이 쓴 『예정된 전쟁』*이라는 책이 미중 패권전쟁을 이해하는 데 중요한 지침서가 될 수 있습니다. 그는 '투키디데스 함정(Thucydides Trap)'이란 키워드로 미중 패권전쟁의 전개 방향을 풀어가고 있습니다. 이는 고대 그리스의 스파르타와 아테네 사이의 갈등에 기원합니다. 고대 그리스 역사학자 투키디데스는 신흥 강국 아테네가 기존 강국 스파르타를 위협할 정도로 커지면서 결국 전쟁이 일어났다고 말했습니다. 앨리슨 교수가 지난 500년 역사를 분석해보니 신흥국이 강대국을 위협할 정도로 성장하는 과정에서 두 세력 간 전쟁이 있었다는 것입니다. 그가 분석한 16번 사례에서 12번 전쟁이 있었습니다.

* 그레이엄 앨리슨 지음(정혜윤 옮김), 『예정된 전쟁Destined for War』, 세종서적 (2018)

앨리슨 교수는 미국과 중국 사이를 투키디데스 함정에 대입하고 있습니다. 기존의 강자(Ruling Power)인 미국이 부상하는 신흥 강국(Rising Power) 중국을 가만두지 않을 것이라는 이야기입니다. 이 책은 미중 패권전쟁이 무역전쟁에서 금융전쟁으로 나아가서는 무력 전쟁까지도 갈 수 있다는 시나리오를 제시하고 있습니다. 이미 전 미국 대통령이었던 도널드 트럼프는 대중 수입상품에 높은 관세를 부과했고 중국도 맞대응했습니다. 미중 무역전쟁은 현재 진행형입니다.

앨리슨 교수의 시나리오에 따르면 다음은 금융전쟁입니다. 시나리오 내용은 다음과 같습니다. 미국이 무역 등 대중 규제를 더 강화합니다. 중국은 가지고 있는 미국 국채(2021년 8월 말 1조 470억 달러)를 매각합니다. 그렇게 되면 일시적으로 미 달러가치가 폭락하고 시장금리는 급등하고 자산 가격도 급락합니다. 미국 경제와 금융시장이 혼란에 빠진다는 것입니다. 그렇게 되면 미국은 대중 수입을 직접 규제하는 등 대중 압박을 더 강화합니다. 그러면 중국이 미국의 금융회사를 사이버 공격합니다. 예를 들면 중국이 미국 금융회사에 침입해서 고객의 계좌를 지워버립니다.

다음은 무력 전쟁입니다. 금융회사 사이버 공격을 받은 미국은 그 진원지를 상하이로 추정하고 드론 등을 통해 상하이를 군사 공격합니다. 이에 맞서 베이징은 워싱턴을 군사 공격합니다. 앨리슨 교수는 이런 불행한 사태를 피하기 위해 미중이 대안을 찾아야 한다고 주장합니다.

중국이 금융강국을 추구하는 과정에서 자본시장 자유화가 예상됩니다

미국과 중국의 관계는 패권경쟁이기 때문에 장기적으로 지속될 것입니다. 그레이엄 앨리슨이 주장하는 것처럼 극단적으로 무력전쟁으로 갈 가능성도 배제할 수는 없습니다. 그러나 미중 패권전쟁의 중간 종착점은 중국의 자본시장 완전 개방일 가능성이 높습니다.

미국은 2001년에서 2020년까지 중국과의 교역에서 5조 4,549억 달러에 이르는 무역 적자를 냈습니다. 미국이 상품을 생산해서 중국에서 이 돈을 찾아오는 것은 거의 불가능한 일입니다. 미국이 세계 최고의 경쟁력을 보유하고 분야는 금융입니다. 미국은 금융을 통해서 무역에서 잃은 돈을 찾아올 수 있을 것입니다. 그래서 미국은 중국 자본시장과 외환시장을 자유화를 요구하고 있습니다.

중국도 중장기적으로 위안화 국제화를 포함한 금융 강국을 추구하고 있습니다. 그러기 위해서는 자본시장 문을 활짝 열어야 합니다. 이미 단계적으로 시행하고 있습니다. 2019년에 은행업과 신용평가사에 대해 외자지분 제한을 완전 폐지했습니다. 2020년에는 계

◀ **중국의 금융산업 개방** ▶

	금융산업 개방 내용
2019년	– 은행업, 신용평가 외자지분 제한 완전폐지 – (외자지분율 51%에서 100%로) – 글로벌 주식/채권지수 편입(MSCI지수 등)
2020년	– 생명보험사, 펀드운용사 외자지분 제한 완전 폐지 – 증권사 외자지분 제한 완전 폐지 (2020년 12월 계획했으나 4월로 앞당겨 실시)

자료: 각 언론보도

획보다 더 빠르게 보험사, 증권사, 자산운용사를 외국인에게 개방했습니다. 이에 따라 JP모간, 골드만삭스, 모건스탠리 등 많은 미국계 금융회사들이 중국에 경쟁적으로 진입하고 있습니다. 심지어는 일본 노무라증권도 중국에 진출했습니다.

이들이 중국에 진출하는 이유는 중국 금융시장의 미래가 밝기 때문입니다. 우선 중국 경제는 1978~2007년까지 20년 동안 연평균 10.0% 성장했습니다. 세계 경제사에서 거의 유례를 찾아볼 수 없을 정도로 높은 성장입니다. 그러나 2008년 글로벌 금융위기 이후 성장률이 점차 낮아지고 있습니다. 2008~2020년 연평균 성장률은 7.5%로 떨어졌습니다. 최근 5년(2016~2020년) 사이에는 연평균 성장률이 5.7%로 더 낮아졌습니다.

앞으로 5년을 내다보면 중국 경제성장률은 4~5%에 그칠 전망입니다. 그러나 질적으로 개선될 것입니다. 중국의 부채 문제에서 다뤘던 것처럼 2008년 글로벌 금융위기 이후 중국 경제가 투자 중심으로 성장하는 과정에서 기업이 부실해졌습니다. GDP에서 투자가 차지하는 비중이 상대적으로 줄어들 수밖에 없습니다. 그럼에도 경제가 4~5% 성장할 수 있는 이유는 '1인당 국민소득 1만 달러를 가진 14억의 인구'가 있기 때문입니다.

중장기적으로 위안화 가치가 오를 가능성이 높습니다

실물 경제 성장이 둔화되는 과정에서 금융 부문 특히 자본시장은 더 빠른 속도로 성장할 가능성이 높습니다. 중국 기업들이 투자를 하는 과정에서 주로 간접금융을 활용했습니다. 은행에서 돈을 빌려 투자했다는 것입니다. 그래서 기업 부실이 은행 부실로 이어졌습니다. 그러나 최근에는 중국의 많은 기업이 주식과 채권 발행(직접금융)을 통해서 자금을 조달하고 있습니다. 이 과정에서 증권시장의 성장 속도가 가속화할 것입니다. 중국의 가계도 실물에서 축적한 저축 일부를 금융시장에 투자할 가능성이 높습니다.

외국인들도 중국 투자를 더 늘릴 것입니다. 중국 GDP가 세계에서 차지하는 비중이 17% 정도로 높아졌으나, 미국계 주요 금융회사들이 보유하고 있는 금융자산 가운데 중국 비중은 4% 안팎인 것으로 알려지고 있습니다. 또한 미중 경제의 불균형 해소 과정에서 중장기적으로 달러 가치가 하락하고 상대적으로 위안 가치가 오를 가능성이 높습니다. 환차익을 누리기 위해서라도 외국인의 중국 투자가 늘어날 것입니다.

중국에서 금융으로 국부를 늘릴 기회가 다가오고 있습니다

우리나라는 그동안 대중국 수출로 국부를 늘렸습니다. 예를 들면 2000~2020년 우리나라 전체 무역수지(통관기준) 흑자가

7,770억 달러였는데 대중 무역수지 흑자가 6,618억 달러로 85%를 차지했습니다. 갈수록 중국이 대부분의 상품을 자국에서 생산해서 소비할 가능성이 높습니다. 그리고 대중 무역수지 흑자는 줄어들 것입니다.

미중 무역전쟁의 가장 가까운 종착점은 중국의 자본시장 개방일 것입니다. 이미 금융산업은 개방되었고, 금리와 외환시장 자유화만 남아있습니다. 미국의 요구와 더불어 중국이 중장기적으로 '금융강국'을 추구하고 있기 때문에 자본시장과 외환 시장을 결국 개방할 것입니다. 시기의 문제일 뿐입니다. 물론 영국의 경제 주간지 '이코노미스트'가 지적한 것처럼 중국의 자본시장 개방은 다양한 규제와 결합된 '하이브리드 자본주의(Hybrid capitalism)'일 수 있습니다. 때로는 중국 정부가 자본시장에 심각하게 개입할 것이라는 이야기입니다. 그럼에도 미국의 많은 금융회사들처럼 우리도 중국 금융을 통해 국부를 늘려야 할 것입니다.

글로벌 경제이슈
부채의 덫과 자산가격 거품

월가의 '닥터 둠'으로 통하는 누리엘 루비니(Nouriel Roubini) 뉴욕
대학교 교수는 글로벌 경제와 금융시장이 '부채의 덫과 베어마켓'
에 빠질 수 있다고 경고했습니다. 정은보 금융감독원장은 취임사에
서 "한계기업·자영업자의 부실 확대 가능성, 거품 우려가 제기되는
자산의 가격조정 등 다양한 리스크가 일시에 몰려오는 소위 퍼펙트
스톰이 발생할 수도 있다"고 경고했습니다. 왜 이런 이야기가 나올
까요? 최근 글로벌 경제이슈 중 가장 큰 문제이기 때문에 이를 다뤄
보면서 이 책을 갈무리하려 합니다. 물론 이 주제는 이 책에서 살펴
본 금리와 환율, 특히 금리와 밀접한 관계가 있습니다.

우선 부채 문제부터 살펴보겠습니다. 최근 중국 부동산업체인 헝다그룹이 파산 위기에 직면했습니다. 이는 개별 기업을 떠나서 글로벌 경제가 직면한 부채에 의한 성장의 한계를 의미합니다.

각국 정책당국이 재정과 통화 정책을 적극적으로 운용하면서 2008년 글로벌 금융위기와 2020년 코로나19 경제위기를 극복했습니다. 그러나 이 과정에서 각 경제주체의 부채가 급증했습니다. 국제결제은행(BIS)에 따르면 2007년 14조 5,962억 달러였던 세계 부채가 2020년에는 30조 4,563억 달러로 2배 이상 증가했습니다. 국내총생산(GDP) 대비로도 같은 기간 274%에서 398%로 급증했습니다.

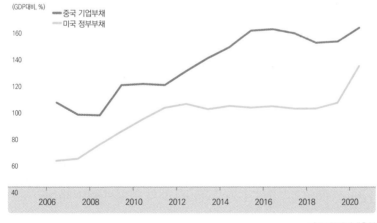

◀ 중국 기업부채, 미국 정부부채 급증 ▶

자료: 국제결제은행

선진국은 정부 부채가 크게 늘었습니다. 2007년과 2020년 사이에 GDP대비 정부 부채비율이 76%에서 136%로 증가했습니다. 신흥시장은 같은 기간 기업부채의 GDP대비 비율이 124%에서 240%로 급증했습니다. 그림에서 보는 것처럼 모든 미국의 정부 부채와 중국의 기업 부채와 증가 속도는 눈에 띌 정도로 빠르게 진행되었습니다. 양국의 문제가 드러나면서 최근 글로벌 금융시장이 불안하게 움직이고 있는 것입니다.

중국은 기업부채, 미국은 정부부채가 급증했습니다 앞서 미중 패권전쟁에서 살펴보았습니만, 중국과 미국의 부채 문제를 다시 생각해보겠습니다. 2008년 미국에서 시작한 금융위기가 전 세계로 확산하면서 2009년 세계경제가 침체에 빠졌으나, 중국 경제는 9.4%나 성장했습니다. 그 뒤로도 2019년까지 중국 경제성장률은 연평균 7.6%로 매우 높았습니다. 기업의 투자가 크게 증가했기 때문입니다. 예를 들면 2009~2014년 GDP에서 투자가 차지하는 세계 평균 비중이 22%였으나 중국은 45%로 2배 정도 높았습니다.

그러나 투자 중심의 성장 과정에서 기업 부채가 대폭 증가했습니다. 2008년 GDP대비 94%였던 기업의 부채비율이 2020년에는 161%로 높아졌습니다. 금액으로 보면 같은 기간 4조 3,838억 달러에서 24조 8495억 달러로 급증한 것입니다. 2020년 중국의 기업 부채가 세계에서 차지하는 비중이 30%였고, 신흥국 기업 부채 중 71%나 차지했습니다.

미국의 경우에는 정부 부채가 크게 늘었습니다. 미국은 과감한 재정정책으로 경제위기를 극복해오고 있습니다. 2020년 4차례에 걸쳐 GDP의 17%에 해당하는 3조 6,000억 달러를 지출했고, 2021년 3월에도 1조 9,000억 달러에 이르는 경기 부양책을 추가로 집행했습니다. 이에 따라 GDP대비 정부 부채비율도 2007년 61%에서 2020년에는 131%까지 급증했습니다.

다른 나라도 부채에 의해 성장하기는 마찬가지였습니다. 우리나라도 2020년 GDP대비 기업 부채비율이 110%로 1997년 외환위기 때의 수준(107%)을 넘어섰고, 가계 부채는 GDP의 103%로 빠르게 증가하고 있습니다. 세계 부채가 이처럼 빠른 속도로 광범위하게 증가하는 현상은 역사상 처음 있는 일입니다.

부채 급증 다음에는 경제위기가 왔습니다

지난 역사를 보면 부채 급증 다음에는 금융위기나 심각한 경기침체가 왔습니다. 1970~1989년에 주로 남미 국가에서 정부 부채가 증가했고, 이들 국가가 위기를 겪었습니다. 1990~2001년에는 동남아 국가에서 기업 부채 위기가 발생했고, 이 위기는 러시아와 터키까지 확산되었습니다. 2002~2009년에도 부채가 급격하게 증가하면서 결국에는 미국을 중심으로 글로벌 경제가 금융위기와 더불어 마이너스 성장을 겪었습니다.

부채는 경제가 성장하는 과정에서 필연적입니다. 이때는 부채가 생산적 자원에 투자되면서 경제성장률이 부채 증가율보다 높기 때문입니다. 그러나 경제성장이 둔화하거나 정체되면 부채 문제가 드러납니다. 정해진 기간에 따라 원리금을 상환해야 하는 것이 부채의 본질입니다.

글로벌 경제 성장 둔화 조짐이 나타나고 있습니다　　경제협력기구(OECD)의 경기선행지수, 그 가운데서도 한국의 경기선행지수를 보면 글로벌 경제를 미리 내다볼 수 있습니다.

OECD는 매월 37개 가입국만 아니라 중국을 포함한 주요 신흥국의 경기선행지수를 작성하여 6~9개월 후의 경기 흐름을 예측합니다. 그런데 한국의 경기선행지수가 OECD 종합지수뿐만 아니라 주요 국가나 지역의 선행지수에 비해서도 앞서가고 있습니다. 2000년 1월에서 2021년 8월까지의 통계로 분석해보면 한국의 선행지수가 종합지수에 비해 4개월 선행했으며 상관계수도 0.58로 비교적 높게 나타났습니다. 또한 미국, 유로지역, 주요 신흥국 선행지수에 비해서도 한국 선행지수가 4~5개월 앞선 것으로 분석되었습니다.

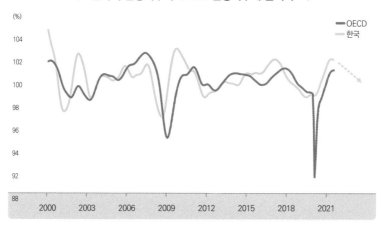

자료: OECD

한국경제가 세계경제의 풍향계 역할을 하고 있습니다

한국 경제를 알면 글로벌 경제를 미리 내다볼 수 있다는 것입니다. 이런 의미에서 월가의 유명 경제 칼럼니스트인 윌리엄 페섹(William Pesek)은 2021년 4월 30일 포브스에 기고한 글에서 한국 경제를 '세계경제의 풍향계'라 했습니다. 그는 "개방형 수출 국가이자 상당한 규모의 무역국인 한국보다 풍향계 역할을 하기에 적합한 국가는 전 세계적으로 많지 않다"며 "한국 경제의 움직임은 훨씬 더 큰 경제가 몇 주 혹은 몇 달 뒤 어디로 향할지 힌트를 주기도 한다"고 지적했습니다. 또한 예일대학교 교수인 스티븐 로치(Stephen Roach)도 한국 경제를 '탄광 속 카나리아'라고 표현했습니다. 카나리아는 탄광에서 유독 가스가 새면 먼저 쓰러져 위험을 알렸다는 새입니다.

OECD에 따르면 한국의 경기선행지수는 2019년 8월을 저점으로 2021년 7월까지 상승세를 유지했습니다. 그러나 8~9월 2개월 연속 하락하고 있습니다.

OECD 종합지수는 한국 선행지수에 4개월 후행했기 때문에 올 연말이나 내년 초에 정점을 기록할 가능성이 높습니다. 그 후 시차를 두고 경기가 둔화할 것입니다.

글로벌 경제의 정점을 논하기에는 아직 이르지만, 이런 선행지수 흐름을 보면 2022년 하반기에는 세계경제가 다시 수축국면에 접어들 확률이 높습니다. 경제성장이 둔화하면 부채 문제가 드러날 수 있습니다.

자산가격에 거품이 발생했습니다

2021년 9월 기획재정부와 한국개발연구원(KDI)은 「2021 G20 글로벌 금융안정 컨퍼런스」를 공동으로 개최하였습니다. 여기서 마커스 브루너마이어 프린스턴 대학 교수는 자산가격 버블 우려가 큰 상황(everything is bubble)에서 향후 미국의 통화정책 전환 시 신흥국 자본유출 가능성이 크다는 점을 지적했습니다.

미국을 대상으로 살펴보면 거의 모든 자산가격에 거품이 발생했습니다. 먼저 채권시장에 거품이 생겼습니다. 일반적으로 명목금리는 실질금리와 물가상승률의 합으로 표시됩니다. 실질금리의 대용변수로 실질 경제성장률을 사용합니다. 시장금리는 명목 경제성장률과 같아야 한다는 의미입니다. 1990년에서 2020년까지 31년 동안 명목금리를 대표하는 10년만기 국채수익률은 연평균 4.4%로 명목 경제성장률(4.3%)과 거의 유사했습니다. 미 의회에서 추정하는 2021년 잠재 명목 성장률은 3.9%입니다. 기저효과 탓도 있지만, 실제 명목 경제성장률이 10%에 근접할 것으로 전망됩니다. 2021년 10월 시점 1.5% 안팎인 10년 국채수익률은 지나치게 낮다는 것입니다. 채권 가격이 과도하게 높다는 의미입니다.

주식시장 거품은 역사상 최고치에 이르고 있습니다

주식시장에도 거품이 발생했습니다. 주식시장의 거품 여부를 판단하는 전통적 척도 가운데 하나가 주식시장 시가총액을 명목 국내총생산(GDP)으로 나눈 값인 이른바 '버핏지수'입니다. 미국 연방준비제도(연준)의 자금순환에서 각 경제주체가 보유하고 있는 주식을 모두 합한 것을 시가총액으로 정의하면, 2021년 2분기 버핏지수가 332%로 사상 최고치를 기록했습니다. 1952년 이후 장기 평균인 107%, 2000년 이후 평균인 180%보다 훨씬 높을 뿐만 아니라 정보통신혁명 거품이 있었던 2000년의 210%를 크게 웃돌고 있습니다.

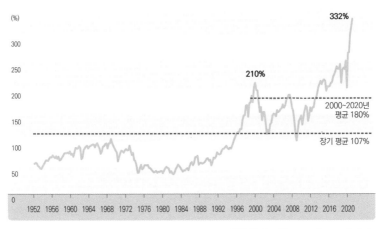

332%

210%

2000~2020년
평균 180%

장기 평균 107%

(%)

300

250

200

150

100

50

0

1952 1956 1960 1964 1968 1972 1976 1980 1984 1988 1992 1996 2000 2004 2008 2012 2016 2020

자료: Federal Reserve Economic Data

미국 가계 금융자산 가운데 주식 비중을 보아도 주가가 과도하게 올랐다는 것을 알 수 있습니다. 2021년 2분기 이 비중이 53%로 역사상 최고치를 기록했습니다. 이는 주가가 지나치게 올랐거나 가계가 주식을 많이 보유하고 있다는 의미입니다. 2000년 정보통신 거품 붕괴 직전과 2008년 금융위기 전에 주식비중이 47~48%를 기록했는데, 이번에는 그보다도 더 높습니다.

주택시장에서도 거품이 일고 있습니다. 케이스-실러 20대 도시 주택가격이 2012년 3월을 저점으로 2021년 8월까지 101%나 상승했습니다. 같은 기간 소비자물가상승률 19%나 개인소득증가율 49%보다 훨씬 높습니다.

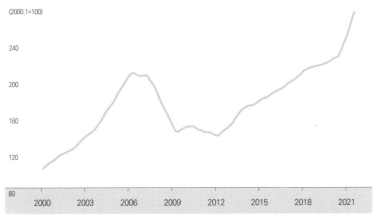

(2000.1=100)

240

200

160

120

80

2000 2003 2006 2009 2012 2015 2018 2021

자료: Federal Reserve Economic Data

**연준의 통화공급 확대가
거품을 초래했습니다**

이처럼 모든 자산가격에 거품이 발생한 것은 과다한 통화 공급에 있습니다. 2008년 금융위기와 2020년 코로나19에 따른 경제위기를 극복하는 과정에서 연준은 전례없는 통화정책으로 대응했습니다. 마샬케이(=광의통화(M2)/명목GDP)가 이를 보여줍니다. 2008년 금융위기를 겪으면서 연준은 기준금리를 0%로 내리고 2009년에서 2014년까지 대규모의 양적 완화를 단행했습니다. 이에 따라 마샬케이가 2008년 말 0.56에서 2014년 말에는 0.65로 16% 증가했습니다. 또한 2020년 코로나19로 경제가 침체에 빠지자 다시 큰 폭의 양적 완화를 단행한 결과, 마샬케이가

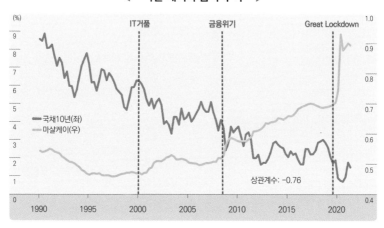

◀ 마샬 케이와 금리 추이 ▶

자료: Federal Reserve Economic Data

2019년 말 0.71에서 2020년 2분기에는 0.93으로 6개월 만에 32%
나 급증했습니다. 그만큼 실물경제에 비해서 통화량이 더 늘어난
것입니다. 1990년~2020년 통계로 분석해보면 마샬케이와 국채수
익률 사이에는 상관계수가 -0.76이었습니다. 연준이 실물경제에 비
해서 돈을 많이 푼 결과, 금리가 적정 수준보다 훨씬 낮아지고 이
역시 주가와 집값 등 자산 가격의 거품을 초래한 것입니다.

[**자산가격은
연착륙보다는 경착륙할
가능성이 높습니다**]

그런데 이제 경제성장률과 물가상승률
이 높아지고 있기 때문에 연준은 풀고
있는 돈의 규모를 줄이고(테이퍼링),

경제 상황에 따라 금리도 인상하겠다는 것입니다. 자산가격은 연착륙보다는 경착륙하는 경우가 더 많습니다. 자산가격이 오를 때는 내재가치를 과대평가하고 떨어질 때는 급락하면서 내재가치를 과소평가합니다. 미국의 통화정책 방향에 따라 자산가격의 거품이 붕괴될 수도 있다는 이야기입니다. 이 시기에는 과다한 부채 문제도 함께 드러날 수 있습니다. 그래서 '부채의 덫과 베어마켓' 혹은 '퍼펙트 스톰'이라는 단어가 금융시장에 회자되고 있습니다.

물론 거품이 생겼다고 곧 터지는 것은 아닙니다. 또한 거품 붕괴 시기는 누구도 알 수 없습니다. 그러나 밀물 때 갯벌에 들어가는 것은 위험합니다. 파티는 즐기되 출구 근처에서 즐겨야 합니다. 또 한 가지 분명한 사실은 위기 때 현금을 가지고 있으면 모든 자산을 헐값으로 살 수 있다는 것입니다.

금리와 환율 알고 갑시다

초판 1쇄 발행　2021년 12월 10일
초판 8쇄 발행　2023년 7월 10일

지은이 | 김영익
발행인 | 홍경숙
발행처 | 위너스북

경영총괄 | 안경찬
기획편집 | 안미성, 박혜민
마케팅 | 박미애

출판등록 | 2008년 5월 2일 제2008-000221호
주소 | 서울 마포구 토정로 222, 201호(한국출판콘텐츠센터)
주문전화 | 02-325-8901
팩스 | 02-325-8902

표지디자인 | [★]규
본문디자인 | 김수미
지업사 | 한서지업
인쇄 | 영신문화사

ISBN　979-11-89352-47-9　(03320)